教育信息化背景下的英语教学创新发展研究

赵婉孜 ◎ 著

吉林出版集团股份有限公司

图书在版编目（CIP）数据

教育信息化背景下的英语教学创新发展研究 / 赵婉孜著. -- 长春 : 吉林出版集团股份有限公司, 2024.2
ISBN 978-7-5731-4653-3

Ⅰ. ①教… Ⅱ. ①赵… Ⅲ. ①英语－教学研究－高等学校 Ⅳ. ①H319.3

中国国家版本馆 CIP 数据核字（2024）第 049374 号

教育信息化背景下的英语教学创新发展研究

JIAOYU XINXIHUA BEIJING XIA DE YINGYU JIAOXUE CHUANGXIN FAZHAN YANJIU

著　　者　赵婉孜
出版策划　崔文辉
责任编辑　孙骏骅
封面设计　文　一
出　　版　吉林出版集团股份有限公司
　　　　　（长春市福祉大路 5788 号，邮政编码：130118）
发　　行　吉林出版集团译文图书经营有限公司
　　　　　（http：//shop34896900.taobao.com）
电　　话　总编办：0431-81629909　营销部：0431-81629880/81629900
印　　刷　廊坊市广阳区九洲印刷厂
开　　本　710mm×1000mm　1/16
字　　数　216 千字
印　　张　13.25
版　　次　2024 年 2 月第 1 版
印　　次　2024 年 2 月第 1 次印刷
书　　号　ISBN 978-7-5731-4653-3
定　　价　78.00 元

如发现印装质量问题，影响阅读，请与印刷厂联系调换。电话：0316-2803040

前　言

在教育信息化的推动下，大学英语教学也进行了努力尝试与革新，基本的教学模式主要经历了计算机辅助大学英语教学、网络架构的大学英语自主学习平台、信息技术与大学英语课程深度融合三个发展阶段。但是，从高等教育国际化需求和互联网发展趋势看，我国的大学英语教学改革和教育信息化发展仍有较大的空间，还有一些关键环节亟待解决。例如，优质师资的有限性和高校其他办学条件滞后于培养规模的扩张；基于网络的大学英语学习平台需要一定的软硬件环境，如何合理配置计算机、学生、教师、实验人员等，使有限的资源得到充分利用，需要在实践中不断调整创新。

在诸如手机应用软件、线上教学平台、云计算、人工智能等现代信息技术的帮助下，信息化英语教学能够起到优化教学模式、多元化教学媒体、情境化学习环境、趣味化学习过程、多样化评价方式等作用。正因为信息技术能在英语教学中发挥巨大的作用，所以它对高校英语教师提出了全新的要求。教师必须树立正确的英语学科教学理念，具备信息技术的理论知识和操作技能，要在实践中不断摸索高校英语教学与信息技术的契合之处，从根本上发挥信息技术的优势和作用。

本书在撰写过程中，吸收和借鉴了许多专家学者的研究成果，在此一并表示感谢。由于笔者水平有限以及信息化教学不断发展，书中难免存在不足之处，恳请广大读者批评指正。

目　录

第一章　教育信息化概述

自 20 世纪 90 年代以来，计算机网络技术的迅猛发展，多媒体技术的广泛运用，推动了面向全社会的信息变革，对现代社会、科学、经济、文化、教育等各领域产生了深刻的影响。最突出的表现是使现代教育爆发了一场新的教育革命，这就是教育信息化的来临。教育信息化的来临打破了传统教育中简单运用计算机多媒体的教育形式，取而代之的是真正地将现代教育媒体的巨大潜力充分发挥在现代信息化的教育实践之中。那么，教育信息化是如何产生的？它的内涵是什么？有什么样的特征？对现代教育又有着什么本质的意义呢？

第一节　教育信息化的定义

教育信息化的概念是在 20 世纪 90 年代伴随着信息高速公路的兴建而提出来的。美国政府于 1993 年 9 月正式提出建设“国家信息基础设施”（National Information Infrastructure，NII），俗称“信息高速公路”（Information Superhighway）的计划，其核心是发展以互联网（Internet）为核心的综合化信息服务体系和推进信息技术（Information Technology，IT）在社会各领域的广泛应用，特别将 IT 在教育领域的应用作为实施 21 世纪教育改革的重要途径。美国政府这一举措的初衷只是想推动其信息技术在各领域的普及，不料却打开了世界性的教育改革大门。自此，各国纷纷着手实施信息化改革，一场教育的革命也由此拉开了序幕。

一、教育信息化的概念

在提出教育信息化的概念前，首先让我们来了解一下什么是信息化。所谓信息化，是指将信息作为构成某一系统、某一领域的基本要素，并对该系统、该领域中信息的生成、分析、处理、传递和利用所进行的有意义活动的总称。我们将信息的生成、分析、处理、传递和利用称为信息技术。信息化共包含三层含义（表 1-1）：第一层是对信息重要性的认识；第二层是将信息作为一种基本的构成要素；第三层则强调了信息化是一个不断变化的过程而非一种状态。

表1-1　信息化三层含义表

含义	内容
对信息重要性的认识	信息对社会发展的存储产生作用 信息对事物发展变化的认识作用 信息对个体综合能力的推动作用
将信息作为一种基本的构成要素	信息是系统运行的依据 信息是系统工作的对象
信息化是一个不断变化的过程而非一种状态	信息的生产利用 信息的处理传递 信息的生成分析

信息化是一个复杂的过程，它的复杂面不仅仅在于它是针对相对抽象的信息的生成、分析、处理、传递和利用，还在于从瞬息万变的信息活动中将信息有机地整合起来。教育信息化是在信息化的大前提下产生的，这就决定了其复杂程度绝不会亚于信息化。

华东师范大学的祝智庭教授认为，教育信息化是指在教育领域全面深入地运用现代化信息技术来促进教育改革和教育发展的过程，其结果必然是形成一种全新的教育形态——信息化教学。华中师范大学的傅德荣教授认为，教育信息化是将信息作为教育系统的一种基本构成要素，并在教育的各个领域广泛地利用信息技术，促进教育现代化的过程。上海师范大学黎加厚教授则认为，教育信息化是以现代信息技术为基础的新教育体系，包括教育观念、教育组织、教育内容、教育模式、教育技术、教育评价、教育环境等一系列的改革和变化。教育信息化并不简单地等同于计算机化或网络化，而是一个关系整个教育改革和教育现代化的系统性工程。

不管是哪一种定义，我们都可以看出，教育信息化非常强调将信息技术运用到教育过程中，从而推动教育发展。因此，教育信息化是一个变化的过程，是在信息化变动的前提下，实现教育变化的一个过程。通俗来讲，信息与教育的互动关系如同物体加速度与速度之间的关系，信息化程度越高，即加速度越大，教育这个物体的发展速度也就会更快速的增长，这正体现了信息化发展与教育信息化内在的必然联系。信息化是教育信息化的基石，在信息化条件下发展起来的教育对现代的教育形式与内容所产生的影响会日益增大，就必然引起教育信息化的快速发展。

二、教育信息化的内容

教育信息化的核心内容是信息技术在教育中的应用，因此，教育信息化的内容都是围绕应用来展开的。各学者对教育信息化基本内容的认识主要有以下几种。

（1）教育信息化是信息技术在教育中的应用，其具体内容主要是教育信息环境的完善，教育资源的建设和使用，人才的培养。

（2）教育信息化包含教师教育信息化、硬件设施、信息技术课和资源应用。

（3）教育信息化的内容可以分为信息网络基础设施建设，教育信息资源建设，信息技术的应用，信息化人才的培养和培训，教育信息技术产业，信息化政策、法规和标准。

（4）教育信息化的内容包括基础设施建设、环境建设、信息化资源建设、信息化人才培养、远程教育。

从以上的几点认识中我们归纳出：

①教育信息化的前提是环境的完善和教育资源的建设。

②教育信息化的过程是将信息技术作为工具在教育中得到充分应用。

③教育信息化的目的是实现信息技术型人才的培养。

这些说法都对，但都侧重在方法手段上，并没有贴近教育的本质。教育的本质应该是对人本身的一种完善，在于培养一个完整的人，是人从不完善走向文明、完善的一个过程。培养文明、杰出的人是教育的终极目标。简单地说，教育就是“成人”的过程，或者说是人为的积极意义上的“成人”过程。教育信息化是教育的产物，所以它必然要符合教育“成人”的意义。否则，所有的工具、手段、过程都将毫无意义。

因此，我们认为，教育信息化的内容是：利用包括教育信息环境的完善、教育资源的建设与使用，以及培养师资信息化素养在内的多种信息技术在教育中的综合应用，来培养适应信息时代发展的人才的理论、工具、方法及过程的总和。

三、教育信息化的主要特征

教育信息化的特征可以从三个方面进行探讨。祝智庭教授在《教育信息化的概念与特征》中提到了两个层面：一个是技术层面，另一个是教育层面。他认为，从技术上看，教育信息化的基本特点是数字化、多媒体化、网络化和智能化。数字化使得教育信息技术系统的设备简单、性能可靠、标准统一。多媒体化使得信息媒体设备一体化、信息表征多元化、真实现象虚拟化。网络化使得信息资源可共享、活动时空少限制、人际合作易实现。智能化使得系统能够做到教学行为人性化、人机通信自然化、繁杂任务代理化。而从教育层面来看，包含七大特征：①教材多媒体化；②资源全球化；③教学个性化；④学习自主化；⑤活动合作化；⑥管理自动化；⑦环境虚拟化。

教育信息化的教育特征和技术特征非常明显，一般不容易为人们所忽视。其实除了这两个方面，教育信息化的特征还应包括社会层面。由于人们对教育的认识往往不会涉及社会层面，致使我们在探究教育信息化的过程中常常忽视教育的社会性。信息化的社会特征包括：明显的信息外溢性，极强的技术创新性，广泛的技术渗透性，较高的经济效益性，强劲的产业带动性。因此从社会层面来看，教育信息化的特征也就有了四大特征。

（一）教育信息外溢性

教育信息外溢性其实就是教育资源的共享互补问题。信息化如果不能实现信息在一个大范围内的共享，那么信息化就成失去了翅膀的鸟，根本不能生存发展，更不可能实现对教育的贡献。因此，这正是教育信息化的优势特征。

（二）教育技术的创新性

教育技术是教育信息化主要的理论与实践领域，因此教育技术的发展对教育信息化来说至关重要。教育技术是指为了促进学习，对有关的过程和资源进行设计、开发、利用、管理和评价的理论和实践。因此，教育技术的创新就是对设计、开发、利用、管理和评价的创新，既包括对硬件设施的创新，也包括对软件技术的创新。这是教育信息化的内容特征。

（三）教育效益理论性

以前说教育似乎与效益扯不上什么联系，其实效益放之于教育中，就是一种教育成果和教育投资的关系。如何让我们的教育投资有效益并且有意义，这就需要教育效益理论。尤其是在教育信息化中，常常出现投资多、收获少，硬件好、软件差等问题，严重地影响了教育的效益。这是教育信息化的效益特征。

（四）强有力的产业带动性

教育信息化的发展必须依赖信息化的发展。大量的研究结果显示，信息产业是一个产业链很长、产业感应度与带动度都很高的产业。如果这些相关的产业发展低迷，没有构成强有力的带动作用，那么教育信息化就成了空中楼阁、无本之树、无源之水。这一特征就是教育信息化的环境特征。

以上特征都是教育信息化区别于其他事物的重要属性，是我们进行教育信息化建设的理论由来。因此，这些重要的认识基础，对在教育信息化的建设具有很重要的指导意义。

四、教育信息化的本质意义

教育信息化的来临必将改变我们所熟悉的教育模式、教育思想、教育观念和教育理论。随着信息化程度在教育领域的深入，教育将面临前所未有的机遇和挑战。我们应该看到，无限的发展空间与进步契机带给我们的不仅仅是希望与辉煌，还为我们带来了教育领域全新的理念和全新的模式，更为重要的是，为我们提出了新的发展要求与奋斗目标。教育信息化的概念与特征告诉人们教育信息化本身就是一种发展变化的过程，是站在教育、技术、社会三块基石上的新时代骄子。我们所做的任何研究与实践，归根结底都要在尊重其自身的基础上验证并完善其本质与特征。谁能对教育信息化理解得更深，谁能将教育信息化解释得更符合实际，谁就能够站在教育信息化探索的最前沿。

事物的特征往往显现在表层，抓住了事物的表面特征就意味着对事物有了实践层面的应用能力。但如果能透过表面现象看到事物的本质，那就说明我们对事物的理解已经上升到了科学层次。当经历了一段时期的积累，关于事物的理论体系开始逐渐形成，于是在事物的实践层次与应用层次上便建立起了哲学层次的理论，这是人类认识事物的规律。教育信息化是基于教育学理论与信息化技术之上的新事物，教育信息化虽然有很多不同的提法，也存在着很多的理论，但归根结底都离不开其教育的本质和技术原性。

我们认为，透过教育信息化的技术特征、教育特征、社会特征来看其本质，相应地就产生了三个层次的本质，即技术层次的本质、科学层次的本质、哲学层次的本质。技术特征和社会特征对应的是技术层次的本质，教育特征对应着科学层次的本质，而哲学层次的本质则是前两种本质的统一和宏观总结。

（一）从技术层面看教育信息化本质

把信息看作一种工具，把信息技术看作一门技术，当在教育中积极地应用信息技术优化教学、促进学习、提高绩效时，就产生了教育信息化的技术本质：以提高教学效率为目的的信息技术在教育当中的全面应用。例如，祝智庭教授认为，教育信息化是指在教育领域全面深入地运用现代化信息技术来促进教育改革和教育发展的过程。傅德荣教授认为，教育信息化是将信息作为教育系统的一种基本构成要素，并在教育的各个领域广泛地利用信息技术，促进教育现代化的过程。这两种表述并不能说不对，但它们强调的是以技术为核心对教育的改进过程，具有明显的应用实践的特点，用于指导教育信息化的具体实践很好，但用于总体学科性的把握就未必精准。那么什么样的本质概括才能精准地抓住教育信息化的学科本质呢？只有教育学特征后的教育信息化本质。

（二）从学科层面看教育信息化本质

对应着教育信息化技术本质把信息看作工具，其学科本质则把信息看作“成人”的环境。当人在这种信息化的环境当中通过一定的教育引导完成知识“成人”和精神“成人”的过程时，就产生了教育信息化的学科本质：在信息化的环境中培养具有时代特征的完整的人。这是回归教育本质对教育信息化的认识。前面曾讲到，教育的本质意义在于培养完整的人。教育的本质应是对人本身的一种完善，是人从不完善走向文明、完善的一个过程，培养文明、杰出的人才是教育的终极目标。简单地说，教育就是“成人”的过程，或者说是人为的积极意义上的“成人”过程。教育信息化是教育的产物，这就注定它必然要符合教育“成人”的意义。否则，所有的工具、手段、过程都将毫无意义。

基于教育学科的特点并结合信息技术，笔者认为，教育信息化是利用信息技术创造出一系列的教育环境，并应用到对人才的培养，从而提高全民综合素质，尤其是通过信息素养的提高来塑造适应信息化时代发展的新一代复合型人才的全部过程。

（三）从哲学层面看教育信息化本质

哲学是教育的普遍原理，在教育中起到思辨、批判、规范的作用。道理很简单，哲学是一门宏观意义上的科学，我们称之为科学的科学。故教育信息化的发展从哲学层面来看只是对传统教育的批判、思辨与规范的结果。

柏拉图曾经说过，“教育在其最高的意义上而言就是哲学”，即教育的本质方向，这个方向决定着教育实践与作为抽象价值的“真理”的关系。因而这个方向就是教育的本质、教育的目标和教育的理念。这个意义告诉我们，教育作为一种人类特殊的生产活动，需要遵循一种理想的理念。这种理念就如同手工艺者以一种理想形式为依据制作床和桌子一样。人类教育需要从哲学中寻找一种理想模型，即一种理想化的教育哲学理念来指导我们的教育教学形式。

理想化的教育哲学理念应当把心灵的塑造、人格的养成、知识的积累、批判精神贯穿、创新思维的培养看作是教育的本质意义，而且在很大程度上心灵的塑造和人格的养成，即对真善美的追求应当比知识本身更为重要。从这个角度出发，教育信息化的本质应该是这样的：在传统教育的批判基础上，信息技术自然地融入心灵塑造和人格培养方法，以规范传统教育，进行新一轮关于现代社会的知识积累、思维培养的思辨过程。

第二节 教育信息化的产生与发展

教育信息化建设对转变教育思想和教育观念，促进教育改革，加快教育的现代化发展都具有积极的作用，对于深化基础教育改革，提高高等教育质量和效益，培养具有创新能力的新时代人才更具深远的现实意义。教育信息化不仅是改革传统教育培养模式的有效途径，更是提高国民素质的重要措施。因此，自 20 世纪 90 年代美国提出后，“教育信息化”这一概念便始终是各国教育发展中考虑的重要因素。

一、教育信息化的产生

现代电子计算机技术的飞速发展，离不开人类科技知识的积累，而知识的积累又是教育的长期性成果，也正是这样一代代的积累才构筑了当今的“信息化大厦”。下面让我们来回顾一下教育信息化的背景。

1623 年，威廉·斯奇卡（1592—1635）制作了一个能进行 6 位数以内加减法运算，并能通过铃声输出答案的“计算钟”，它标志着人类历史上机器运算的开始。人类以机械方式运行的计算器历经了百年沉淀之后，随着电子技术的突飞猛进，计算机开始了真正意义上的由机械向电子时代的过渡，电子器件逐渐演变成为计算机的主体，而机械部件则渐渐退于从属位置。二者地位发生转化的时候，计算机也正式开始了由量到质的转变，由此促成了电子计算机的正式问世。

1946 年 2 月，第一台电子计算机 ENIAC 在美国加利福尼亚州诞生。ENIAC 用了 18000 个电子管和 86000 个其他电子元件，有两个教室那么大，运算速度却只有每秒 300 次运算或 5000 次加法，耗资 100 万美元以上，揭开了计算机时代的序幕。

计算机的产生极大地拓展了人们的数值运算和逻辑运算能力，可以看作是人类大脑的延伸。运算能力的拓展使得知识的传播能力相形见绌。大脑的延伸要求人的眼、耳、口、鼻都要有相对应的扩展能力，于是互联网多媒体技术的发展成为必然。Internet 最早起源于美国的 ARPAnet，该网于 1969 年投入使用，最初用于军事领域。让互联网真正飞速发展的事件是 1987 年商业化互联网的诞生，电脑的日益普及和互联网商业化的发展促成了一个惊人的奇迹：互联网的出现让巨大的地球成了“地球村”，信息的传播能力空前发展，并且以极快的速度改变着人们的生活方式，信息化应运而生。信息化带给人们生活方式的改变绝不仅仅是一种技术在社会中的应用，而是整个社会的变革，标志着一个新时代的诞生。

信息化的到来对教育的影响也同样深刻，而且意义重大。一方面要求教育顺应信息时代的发展需要，另一方面要求教育能培养出大量的信息化高素质的人才。那么，信息时代的人才与之前的工业社会人才要求有什么不同呢？概括地说，在一个信息爆炸、知识高速增长的信息化社会，“告诉他知识的公民”将不再受到欢迎，社会更需要的是“有知识的公民”。诺贝尔奖获得者、著名认知心理学家赫伯特·西蒙（Herbert Simon）曾这样指出，在以往，“知道”意味着记忆中留下的东西，即拥有一系列知识。但到了今天，要靠个人或某些机构“记忆”或拥有的知识实在太多了，即使图书馆也无力收藏哪怕是全球信息和知识中的一小部分。所以，应将“知道”看成是掌握信息处理的“方法”。

分析社会发展的历史进程，我们不难发现：信息化为教育带来了空前发展的机遇，带动了教育信息化的革命。教育又需要通过自身的变革来不断满足信息化社会发展的各种需要，其中信息化人才的培养成了当前教育的重任，教育信息化便应时所需地产生了，这便是教育信息化产生的大背景。“教育信息化”这一概念是在 20 世纪 90 年代伴随着信息高速公路的兴建而提出来的，其核心是把 IT 在教育中的应用作为实施 21 世纪教育改革的重要途径。

我国自20世纪90年代末开始，随着网络技术的迅速普及，整个社会的发展与信息技术的关系越加紧密，人们越来越关注信息技术对社会发展的影响，“教育信息化”的概念也随之出现，并逐渐形成理论体系。

信息化时代正是由于可以更便捷地获得和使用信息，而使得社会发展的速度加快。信息时代的教育正是由于信息化的引入，而发展成为超越时空、资源共享的现代化教育。所以，教育信息化是教育现代化发展的必然结果。

二、国外教育信息化的建设发展

（一）美国教育信息化的建设发展

美国自1993年9月正式提出建设“国家信息基础设施”以来，一直特别重视教育信息化的建设，当时就确定了学生每人一机、教师用电脑如同用白板一样熟练的计划。早在1996年，美国就表示到2000年必须实施100%的学校与国际互联网联通，使美国成为从小学到大学都实行“人、机、路、网”成片的唯一国家。这一做法无疑是为了抢占国际教育信息化的制高点，利用教育信息化的迅速发展来培养出大量现代化的信息人才，以带动国家的政治、经济、科教、文化等多方面发展，从而巩固其所谓的世界霸主地位。因此，美国对教育信息化建设极其重视，将其视为面向未来的高效益投资。到1997年2月13日，美国教育部又发表了与时任总统克林顿教育行动纲领相应的举措说明，其中教育信息化的条款占有重要地位，如使所有教师都能够掌握现代化计算机技术，为教师帮助学生掌握计算机技术提供培训和资助。为实施美国教育行动计划，1998年美国政府投入510亿美元巨资，旨在使每一位美国公民都能利用信息技术进行终身学习。为了尽快地实现这一目标，美国首先从中小学教师的教育信息化应用培训开始。在各方面积极的推动下，美国的教育信息化建设取得了迅猛的发展。据统计，在美国，通过网络进行学习的人数正以每年300%以上的速度增长。21世纪初，已经有超过7000万美国人通过网络获得知识和工作技能、技术，超过60%的企业通过网络进行员工的培训和继续教育。1994 年，美国与网络联通的学校只有 3%；1999 年，这个数字已被改写成 63%；2000 年，这个数字又被刷新为 90% 以上。据 2000 年 5 月的《财富》杂志报道，美国教育和培训的产值达到 7720 亿美元，占国内生产总值的 9%。

在远程教育的信息化方面，美国具有学校参与众多、媒体技术多样、社会公司参与度高及服务面宽等特点。据美国联邦教育部国家教育统计中心对高等教育机构远程教育的调查，1998 年，美国 5020 所大学中有 1690 所提供远程教育课程，占高等学校总数的 34%，约 166 万名学生注册接受各种形式的远程高等教育，占所有类型高校在校生总数（约为 1434 万人）的 11.6%。美国国际数据公司的数据显示，1999 年美国远程教育的年收入大约是 6 亿美元，到 2002 年这个数字上升到了 100 亿美元。

诚然，如此迅猛的发展离不开美国强有力的经济实力，但是美国政府对教育信息化建设的重视也不可忽视。在种种优越的条件下，美国的教育信息化建设取得了巨大的成就，而且这些成就必将在整个 21 世纪中影响美国的综合国力与世界地位。

（二）欧洲各国教育信息化的建设发展

欧洲各国的信息化建设不尽相同，情况较为复杂。1996 年开始在拉奥（俄教科院简称）拟定的 11 项教育科研战略中，明确了教育信息化要走独联体与东欧各国建立教育信息化技术联合体的所谓大斯拉夫体系之路。这可以说是世界教育信息化在俄罗斯的缩影。

1998 年年初，法国教育部部长克洛德·阿莱格尔宣布，法国制定三年教育信息化发展方案，重点放在教育信息化发展对相应信息教育师资的培训上，着重提高信息教育师资应用多媒体教学和微机操作水平，从而提高现有信息设备的使用效率，使法国由当时的初中 32 人一台微机、高中 12 人一台微机的水平，提高到初中 16 人一台微机、高中 6 人一台微机的标准。

英国政府于 1995 年推出一个题为“教育高速公路：前进之路”的议案。

到 1998 年以立法形式规定，在全体中小学中将原来的信息技术课程由选修课全部改为必修课，并拟定中学信息技术课评价的九项标准。在政府投入的教育经费中，法定的 6% 必须作为学校专款专用的微机购置费，以保证英国 20% 中小学真正使用互联网，其中中学占 85%、小学占 15%。1999 年，信息技术课程更名为信息与通信技术（ICT）课程，并公布了信息与通信技术课程标准。

芬兰教育部于 1995 年提出一个题为“信息社会中的教育、培训与研究：国家战略”的五年计划，规定到 2000 年时全部学校和教育机构联网。

意大利教育部于 1995 提出一个行动计划，打算 2005 年前为 20% 的小学和 30% 的中学配备多媒体设备与软件。

（三）亚洲各国教育信息化的建设发展

在亚洲各国的教育信息化建设中，日本的势头强劲，一度有超美夺魁的趋势。日本文部省于 1990 年提出一项九年行动计划，拟为全部学校配备多媒体硬件和软件设施，训练教师在教学中使用多媒体，支持先进技术的教育应用。1994 年又建立了“百校联网工程”。1997 年 1 月 19 日，日本开设“教育信息化方法与技术”的教职课程。1998 年 7 月 29 日，日本教育课程审议会发表了题为“关于教育课程基本走向”的咨询报告书，进一步明确了信息教育课程的运作细则。

作为亚洲地区信息技术产业较发达的国家，韩国的教育信息化建设起步也较早，并发展迅速。2002 年《中国信息导报》刊登的张雪莲名为《韩国 IT 产业发展一瞥》一文指出：“韩国是世界上第一个将国际互联网接入中小学的国家，也是世界上第一个向中小学和高等学校免费提供国际互联网接入服务的国家。”韩国于 1995 年 5 月 31 日，由教改委员会制定了《建立主导世界化、信息化时代新教育体制的教育改革》方案。1999 年，韩国政府开始在高中阶段实行信息素养认证制度，并启动《中小学信息通信技术必修化计划》。

新加坡1996年推出全国教育信息化计划，拟投资20亿美元使全国每个家庭和每间教室连通互联网，做到每两位学生一台微机，每位教师一台笔记本电脑。1997—2002年的MIT总体教育信息化规划中，要求1999年全国教师接受麻省理工学院应用能力培训，并把它作为师资资格聘用的重要考核标准之一。

（四）各国教育信息化发展趋势的比较

物质（材料）、能量、信息是构成现实世界不可缺少的三大要素。信息资源成为人类生存的首要资源。20世纪，石油被比喻为工业经济发动机的燃料，而到了21世纪，信息则成了知识经济发动机的“燃料”。信息化社会的发展呼唤教育信息化时代的到来。所以世界各国都非常重视国内教育信息化的建设，有条件的国家几乎都将未来人才的竞争集中在信息化人才的竞争上。

从教育信息化的发展来看，早期的发展主要体现在信息化资源建设上，如信息网络基础设施建设、教育信息资源建设等方面，这一发展阶段主要以“技术中心论”为发展指导思想。而等到教育信息化发展到一定的阶段，即教育信息化的资源建设已经基本形成时，如何利用教育信息化资源为人才的培养服务就成了主要问题，而教育信息化的理论与实践的研究就由“技术论”转向教育学科论发展。经过长时期的研究和积累，教育信息化深度融入信息化社会，于是教育信息化进入了高度发展的社会化阶段。教育信息化的发展离不开这三个阶段，但这三个阶段并不是在发展中可以划分得清清楚楚的，而是在一定时期彼此都有渗透和发展，只是在不同时期我们信息化建设的侧重点不同而已。

1. 从信息化资源建设方面来看各国教育信息化发展

美国是教育信息化资源建设最早、发展速度最快的国家之一，所以其信息化的程度也相对较高。欧洲各国的发展情况较复杂，这与欧洲各国的国家发展的复杂情况分不开。亚洲的国家中，日本、韩国、新加坡发展速度较快，其他一些国家可能存在着地区差异，既有快速发展的地区，也有较落后、发展缓慢的地区。

2. 从理论与应用上看各国教育信息化的发展

教育信息化资源建设最快和信息技术应用程度最高的国家毫无疑问集中在发达国家，因而发达国家教育信息化的理论发展也非常成熟。如美国在教育信息化的应用上把网络化、多媒体化和智能化为特征的现代信息技术（IT）深入教育教学的方方面面，在理论与应用上显得老成稳重。例如，美国克莱蒙特研究生院的访问学者肯内思·C. 格林从 1991 年开始，每年都对美国大学的计算机使用情况进行一次调查。调查结果比较客观地反映了美国大学教学活动中采用现代信息技术的状况。其在 1996 年的调查结果显示，美国大学有 27% 的课程是在装备有计算机的教室进行，25% 的课程在教学中使用电子邮件（E-mail），15% 的课程在教学中使用了计算机模拟和演练，有 18% 的课程使用了商业性的课程软件，12% 的课程在教学中采用了多媒体技术，有 8% 的课程利用了光盘教材，50% 以上的学校已经建立了技术中心，12.5% 的学校建立了奖励制度，即对在教学中积极采用现代信息技术的教师给予奖励。

但是这并不是说教育信息化理论发展最快的就是美国等发达国家，恰恰相反，教育信息化理论发展最快的是以中国为代表的发展中国家。

其一，发展中国家在教育信息化的发展中充分借鉴和利用发达国家在建设中的经验教训，并在实践中很快地形成自身的理论特点。这从中国近年在教育信息化发展研究资料的外文引用的增加上，关于教育信息化资料的译文增多上以及主办的国际化的教育信息化大会等方面都有不同程度的体现。

其二，发达国家教育信息化领先的同时，也需要花费更大的人力进行未来发展的研究。而当教育信息化发展到一定的时期以后就会出现所谓的“高原反应”，即以往的以技术、资源建设为中心的“技术论”已经不能适应教育信息化的发展，反而成为限制其发展的思想桎梏，极大地限制了教育信息化研究的视域。虽然到2007年中国的教育信息化还没有完全从第一阶段（资源建设阶段）中解放出来，但已经看到了教育信息化的视野问题。从马德四教授的《教育信息化本质研究——教育学视角》一文中可以看出，中国在教育技术学的理论发展方面已经非常超前。

其三，教育信息化的发展还有待于新的教育理论的出现和技术的创新。这方面各个国家的教育理论发展与技术创新情况很不相同。发达国家与发展中国家的教育理论认识水平各有所长，技术创新也层出不穷。因而很难说哪一个国家的更好，因为这里面有一个符合国家发展状况的比较。

三、我国教育信息化的建设发展

改革开放40多年来，我国政府一向重视现代化教育。早在1978年，我国就创办了中国广播电视大学。1986年，中国教育电视台（CETV）创建。1995年，中国教育与科研互联网（CERNET）开始建立，为我国教育信息化奠定了基础。CERNET的成功建设和“211”工程重点建设，带动了地区网络、省网络和校园网络的建设，实现了省际的网络互联。1997年年底，我国已经建立教育电视台、收转台940多座。卫星电视地面接收站1.6万多座，放像点6.6万多个，建立了三个卫星教育频道。1998年，我国又批准了清华大学等4所普通高校采用数字压缩技术和ATM技术开始进行远程教育试点工作。中央广播电视大学也通过电话和CERNET反馈，实现了非实时交互式的远程教学。

1999年6月，中共中央、国务院发布《关于深化教育改革全面推进素质教育的决定》，在第15条中指出“大力提高教育技术手段的现代化水平和教育信息化程度”。这是“教育信息化”首次出现在中央政府文件中。

2006年5月，中共中央办公厅、国务院办公厅印发《2006—2020年国家信息化发展战略》。在“我国信息化发展的战略行动”部分提出实施“国民信息技能教育培训计划”“网络媒体信息资源开发利用计划”“缩小数字鸿沟计划”等，在国家信息化的战略部署中涵盖了与教育信息化相关的规划内容。

2006—2010 年，党中央、国务院先后制定了《国家中长期科学和技术发展规划纲要（2006—2020 年）》《国家中长期人才发展规划纲要（2010—2020 年）》《国家中长期教育改革和发展规划纲要（2011—2020 年）》（以下简称《教育规划纲要》）。这三大规划纲要成为新世纪新阶段我国深入实施科教兴国战略、人才强国战略、可持续发展战略的关键举措。目前我国已跻身于世界人力资源大国和创新型国家行列。

2012 年 3 月，教育部印发《教育信息化十年发展规划（2011—2020 年）》（以下简称《教育信息化规划》），明确提出：“到 2020 年，全面完成《教育规划纲要》所提出的教育信息化目标任务，形成与国家教育现代化发展目标相适应的教育信息化体系。”

2013 年 11 月，十八届三中全会进一步强调了教育信息化对促进教育公平的作用，明确提出“构建利用信息化手段扩大优质教育资源覆盖面的有效机制，逐步缩小区域、城乡、校际差距”，不仅明确了教育信息化的重要地位，而且指出了当前教育信息化的发展重点。

2019 年 2 月，中共中央、国务院印发了《中国教育现代化 2035》，并发出通知，要求各地区各部门结合实际认真贯彻落实。《中国教育现代化 2035》提出，推进教育现代化的总体目标是：到 2020 年（现已完成），全面实现“十三五”发展目标，教育总体实力和国际影响力显著增强，劳动年龄人口平均受教育年限明显增加，教育现代化取得重要进展，为全面建成小康社会做出重要贡献。在此基础上，再经过 15 年努力，到 2035 年，总体实现教育现代化，迈入教育强国行列，推动我国成为学习大国、人力资源强国和人才强国，为到 21 世纪中叶建成富强民主文明和谐美丽的社会主义现代化强国奠定坚实基础。

2020 年，在疫情的催生之下，在线教育兴起，互联网改变了教育行业的走向，“互联网＋教育”：以教育为核心，用互联网来为我们赋能和增效。人工智能、5G 等技术之间彼此赋能，使得通信与技术更加智能及便捷，也将会对教育产生更深远的影响。人们可以随时随地进行视频学习，使学习不再需要以教室为基础，教育资源的界限将被打破，传统教育方式将面临重大改变。

2021 年 12 月 27 日，中央网信委印发《“十四五”国家信息化规划》，提出到 2025 年，数字中国建设取得决定性进展，信息化发展水平大幅跃升，数字基础设施全面夯实，数字技术创新能力显著增强，数据要素价值充分发挥，数字经济高质量发展，数字治理效能整体提升。规划对开展终身数字教育进行了部署，提出要开展“互联网＋教育”云网一体化建设。

第三节　信息化教学

信息化教学是与传统教学相对而言的现代教学的一种表现形态，是信息化技术的一个子系统，它以信息技术的支持为显著特征，因而我们习惯于将之称为信息化教学。特别需要指出的是，以信息技术为支撑还只是信息化教学的一个表面特征，在更深层面上，它还涉及现代教学理念的指导和现代教学方法的应用，是教学信息化的成果。从技术学层面考察，伴随着社会的进步与发展，信息化教学是教育技术学发展至今的必然结果。

一、信息化教学的发展背景

比尔·盖茨在《未来之路》一书中写道：“未来社会属于那些具有收集信息、选择信息、处理信息和应用信息能力的人。”目前，一个新的概念——信息素养，正在引起世界各国或地区越来越广泛的重视，并逐渐加入从小学到大学的教育目标与评价体系当中。信息素养包括六个方面：①信息获取能力；②信息分析能力；③信息加工能力；④信息创新能力；⑤信息利用能力；⑥协作意识和信息的交流能力。

我们生活在信息社会里，信息更新的速度不断加快，很多信息来不及也不需要装进大脑中，而是装进计算机里，这就要求人们改变教育是“继承人类经验知识精华”这个观点，学习者必须具备知识更新能力，掌握获取知识的方法、技术和途径。不可否认，在对前人知识经验的继承、掌握，系统科学知识的传授等方面，我国基础教育具有自己的优势。但是也要看到我基础教育的不足：多年来我们培养出的大多是知识应用型人才，而比较缺乏创新型人才。让学生的头脑成为创造的火炉而不是灌输答案的容器，这是许多教育工作者苦苦追寻的目标。

科学研究表明，人类在最近 30 年所获得的知识约等于过去两千年之总和。而未来若干年内科技知识还将在许多领域展现更惊人的突破。英国哲学家培根的名言“知识就是力量”，过去和现在都是我们的座右铭。然而，在信息时代，这句名言的效力在某种意义上将被削弱。因为与知识相比，创新思维越来越重要，而创新思维的来源首先在于想象力，并非大量地储存旧有的知识。正如爱因斯坦所说：“想象力比知识更重要，因为知识是有限的，而想象力概括着世界上的一切，推动着进步，并且是知识进化的源泉。”信息技术带来如此之快的知识更新，人类面临最重要的任务不是获取已有的知识，而是以高度的想象力，去创造和运用新知识。未来人类社会的“力量”将主要来自“知识创新”，这已经被率先跨入知识经济的发达国家或地区的实例所证实，还将被发展中国家或地区更多的实例所证实。

苏格拉底（公元前 469 年—公元前 399 年）是著名的古希腊哲学家，他和他的学生柏拉图及柏拉图的学生亚里士多德被并称为“希腊三贤”。他被后人广泛认为是西方哲学的奠基者。他说过，“教育不是灌输，而是点燃火焰”，信息化教学便是实现这一目标的最佳选择。

二、信息化教学的发展历程

信息化教学是一个循序渐进的过程，它既没有严格的起点，也没有一个确定的终点，而是向教育最优化无限趋近的过程。从国外发展经验看，信息化教学经历了三个阶段，这三个阶段分别是：计算机辅助教学、计算机辅助学习以及信息技术与课程整合阶段。

1. 计算机辅助教学阶段

计算机辅助教学（Computer-Assisted Instruction，CAI），指用计算机帮助或代替教师执行部分教学任务，为学生传授知识和提供技能训练、直接为学生服务。计算机辅助教学是一种新颖的教学方式，主要是利用计算机的多媒体功能，辅助教师解决教学中的某些重点、难点，这些 CAI 课件大多以演示为主。与其他教学媒体相比，CAI 课件具有以下优势：①个别化教学，因材施教。通过人机会话，掌握学生学习情况。②学生处于积极和主动的学习状态。若学生不思考，不动手，则计算机不反应。③能给予学生即时指导。学生不懂，可随时提问。④能给学生以即时反馈。收到学生提交的问题答案，即予评分。⑤百问不厌，诲人不倦。一遍不懂，可重复多遍。⑥学习不受时间和空间限制。学生可随时随地学习。⑦教学直观、形象、生动，又简便易行。彩色、立体、活动图形显示和语言文字解说。⑧模拟实验，节约器材，缩短时间，安全逼真。⑨促进课堂教学模式的转变。教师的角色发生了变化，学生的注意力不再集中在教师身上，教师成了学生的学习合作者和教练。以学生为中心的教学得到了技术上的支持。

虽然CAI课件具有上述优点，但是计算机辅助教学的优势并不是绝对的。在开展计算机辅助教学过程中，应注意以下几个问题：① CAI 不是照搬教师黑板上的内容到计算机屏幕上去。② CAI 只是传统教学的补充，绝对不是传统教学的替代品。③开展 CAI 是一个渐进的过程，在 CAI 开展初期不能对教师提出过高要求，否则很容易挫伤教师的积极性。④对于那些传统媒体如黑板和粉笔、挂图、实物或模型等可以解决的问题，不要牵强做成CAI课件。⑤能用普通录像或录音解决的问题，就不要做成计算机课件。⑥传统的教师中心论，并未因多媒体计算机走进课堂而得到彻底改变，因此，教学思想的更新不容忽视。

2. 计算机辅助学习阶段

计算机辅助学习（Computer-Assisted Learning，CAL）阶段逐步从以教为主转向以学为主，也就是强调如何利用计算机作为辅助学生学习的工具，如用计算机帮助搜集资料、辅导自学、讨论答疑，帮助安排学习计划等，即不仅强调用计算机辅助教师的教，更强调用计算机辅助学生的学。这是信息化教学的第二个发展阶段。

3. 信息技术与课程整合阶段

信息技术与课程整合（Integrating Information Technology into the Curriculum，IITC）就是在各学科教学中，有效地利用信息技术，达到提高教育质量和学习效率的目的。若从系统论的观点出发，可以把信息技术与课程整合定义为：将教学系统中的各种教学资源和各个教学要素有机地集合起来，把教学理论、方法、技能与教学媒体很好地融会贯通，在整个教学过程中保持协调一致，并发挥系统的整体优势以产生聚集效应。信息技术与课程整合，立足于学科内容改革，目的在于建立学科之间的有机联系。整合是以一种自然的方式将信息技术作为工具和手段融合到学科课程中，就像在教学中使用黑板、粉笔一样自然流畅。从而，在学习学科知识的同时，培养学生的“信息素养”和综合能力。

信息技术与课程整合，不是把信息技术仅仅作为辅助教学的工具，而是强调要把信息技术作为促进学生自主学习的认知工具和情感激励工具，利用信息技术所提供的自主探索、多重交互、合作学习、资源共享等学习环境，把学生的主动性、积极性充分调动起来，使学生的创新思维与实践能力在整合过程中得到有效锻炼，这正是培养创新人才所需要的。

在教育信息化背景下，很多学校都在尝试信息化教学，并取得了一些成果。但是，从总体上看，对信息化的教与学的行为研究还处于初级阶段，还有许多具体和深入的问题需要研究与探索。比如，在接受式教学模式下，信息技术有何意义；技术是仅仅用于传递教学信息还是支持学生学习；如何利用网络创设学习环境以促进探究性学习、个性化学习、合作学习；教师如何把握网络环境下的教学模式和设计思想。这些问题都有待在理论层面和操作层面深入研究解决。

三、信息技术与课程整合

在教育信息化进程中，信息技术与课程整合是一个重要的里程碑。信息技术如何支持学科教学？如何实现教与学的模式变革？信息技术与课程整合是目前最有效的途径。

（一）信息技术与课程整合的含义

信息技术与课程整合就是在各学科教学中，有效地使用信息技术，达到提高教育质量和学习效率的目的。若从系统论的观点出发，信息技术与课程整合可有如下定义：将教学系统中的各种教学资源和各个教学要素有机地结合起来，将教学理论、方法、技能与教学媒体很好地融会贯通，在整个教学过程中保持协调一致，并发挥系统的整体优势以产生聚集效应。信息技术与课程整合，立足于学科内容改革，目的在于建立学科之间的有机联系。

信息技术与课程整合，不是把信息技术仅仅作为辅助教学的工具，而是强调把信息技术作为促进学生自主学习的认知工具和情感激励工具，利用信息技术所提供的自主探索、多重交互、合作学习、资源共享等学习环境，把学生的主动性、积极性充分调动起来，使学生的创新思维与实践能力在整合过程中得到有效锻炼，这正是创新人才培养所需要的。

（二）信息技术与课程整合的意义

整合是指一个系统内各要素的整体协调、相互渗透，使系统各要素发挥最大效益的过程。信息技术与课程整合无疑将是信息时代中占主导地位的课程学习方式，也必将成为21世纪学校教育教学的主要方法。因此，在当前我国积极推进教育现代化、信息化的大背景下，倡导和探索信息技术和课程整合的教学，对于深化学科教学改革，培养学生的“信息素养”，提高学生的创新精神和实践能力，有着十分重要的现实意义。

1. 改变学习观念

计算机网络技术的日新月异及其与课程的整合进程正在深刻地影响和改变各种学科的生态，预示了学科发展的未来。可以说，今后学生学习的主要途径不再只是依靠书本或教师的讲授，面对浩瀚的知识海洋和不断更新的网络信息，原先固定教师、固定班级、固定内容、固定进程、固定标准的单向的接受式学习方式将被打破，取而代之的是一种全新的学习过程。在这个学习过程中，学生以计算机网络以及其他多媒体设备为中介，在自主选择、合理接受、科学加工、实时反馈的信息传输中轻松自如地完成个性化的、发现式的学习。这种发现式的学习方式将改变以课堂为中心、教师为中心和课本为中心的接受式学习格局，更多的是以自主学习、合作学习和探究学习为主的发现式学习格局出现。显然，这种学习格局的变化与信息技术的发展有着直接的关系。

专家学者们一致认为信息技术是物化形态技术与智能形态技术的协同利用，具有智能化、数字化、网络化、个人化、多媒化的特征。随着信息技术的广泛应用，知识密集型、信息技术产品出现了更新换代周期加快的现象。同时，新兴科学大量涌现，知识总量急剧膨胀，知识更新的过程也空前加快，出现了“知识爆炸”现象。据联合国教科文组织的统计，人类近30年来所积累的科学知识占有史以来积累的科学知识总量的90%，而在此前的几千年中积累的科学知识仅占10%。英国技术预测专家马丁的测算结果也表明了同样的趋势：人类的知识在19世纪是每50年翻一番，20世纪初是每10年翻一番，20世纪70年代是每5年翻一番，而近10年大约每3年翻一番。据预测，到2050年左右，人类现在所掌握的知识，届时将仅为知识总量的1%。也就是说，信息化后的人类社会，将创造出99%以上的新知识。可见，信息和知识将犹如产品一样频繁地更新换代。这种知识的极度膨胀和快速更新，不可避免地使我们的课程陷于尴尬的境地。一方面大量的新的知识内容需要加入课程中去，另一方面我们的课程内容过多过难，学生负担会急剧加重。众所周知，课程展开的时间是有限的，因此我们不可能无限延长学习者的学习时间，但近代科学技术的飞速发展，知识信息的急剧增加，又使我们不得不面对现实的挑战。那么，如何才能找到应对的方法呢？最根本的出路在于变革，改变学习过程是一种单纯继承性的传统观点。课程应该在传授一些基础性知识的同时，注重创新和适应能力的培养。对受教育者来说，最重要的是学会学习，具备进行终身学习的能力，也就是具备自我更新知识结构的能力。对于知识的学习，强调的是让学生掌握认知的手段、方法，即学会自己去发现知识，自己去获取和更新知识，而不仅仅是局限于学习知识本身。由于信息时代知识急剧增长，若是像传统教育那样，只强调知识本身的学习和掌握，那么，学到的大部分知识会很快过时，无法适应现代社会发展的需要。只有让学生学会认知，即学会学习，他们在进入社会以后才能够自我更新知识结构，通过自学继续学到工作所需要的各种新知识、新技能。一般来说，传统性学习通常是维持性学习和接受性学习，而信息化学习却是创新性学习和建构性学习。维持性学习是一种继承性学习，而创新性学习要处理好“学会”和“会学”的关系；接受性学习是一种以教师为中心的学习，学生是知识的被灌输者，而建构性学习是以学生为中心的学习，强调学习者是知识的主动建构者。信息化时代的学习是要从传统的维持性学习向创新性学习转变，从接受性学习方式走向建构性学习方式。要达到这一目标，计算机网络技术必须与课程进行全面的整合，因为它预示着未来教育的发展方向。

2. 预示未来教育的发展

一旦人们的学习观念得到改变，自然会对未来的教育有新的展望。实际上，世界各国在展望未来时都主张把信息网络技术作为教育、教学改革的重要一环。例如，美国早在 1996 年就发表了《让美国学生为 21 世纪做好准备：迎接技术能力的挑战》的国家信息技术教育计划。这个计划描绘了这样一个未来：通过在中小学教学中有效利用信息网络技术，为帮助下一代在校学生得到更好的教育做好准备，以适应新的全球经济发展的需要。之后，美国教育部在咨询了社会各界人士及专家后，对国家信息技术教育计划进行了修改，提出了五个目标：①所有教师和学生都要使用信息网络技术；②所有教师都应运用技术帮助学生达到较高的学业标准；③所有的学生都要具备信息技术方面的知识与技能；④通过研究与评估，促进下一代技术在教学中的应用；⑤通过数字化的内容和网络的应用改革教学。欧盟（1997）发布了《信息社会中的学习：欧洲教育创新行动规划》，新加坡（1996）与马来西亚（2000）也相继推出了全国教育信息化计划。我国政府也相当重视教育信息化工作并推出了一系列推进教育信息化和改革的政策措施。2000 年我国教育部召开了全国中小学信息技术教育工作会议，并做出决定：从 2001 年起用 5~10 年的时间，在全国中小学基本普及信息技术教育，以信息化带动教育现代化，努力实现基础教育的跨越式发展。正是由于各国对此相当重视，对传统的教育体制及教学模式的改革正在世界范围内形成一种新的教育发展的趋势。

在我国，运用信息网络技术对传统教育体制和教学模式的改革首先始于我们的外语教学。如上所述，21 世纪实际上是信息技术全面发展的世纪，尤其是计算机与网络技术的发展极大地拓展了教育的时空界限，空前地提高了人们学习的兴趣、效率和能动性。就信息化时代的外语教学而言，传统的教学形式将很难适应时代发展的需要，必须要有突破性的变革。这种教学的变革不仅仅是教学形式和学习方式的重大变化，更重要的是将对外语教学的理论、观念、模式、内容和方法产生深刻影响，给外语教学赋予了更加深远的全新内涵。为此，我国政府颁布了一系列关于促进外语教育的方针政策，其中最具影响力的有：2001 年 1 月教育部颁布了《关于积极推进小学开设英语课程的指导意见》，将英语义务教育的起点从初中一年级降至小学三年级；同年 8 月教育部又颁发了《关于加强高等学校本科教学工作、提高教学质量的若干意见》，明确指出："本科教育要创造条件，使用英语等外语进行公共课和专业课教学，并力争三年内，外语教学课程达到所开课程的 5% ~ 10%。" 2002 年 12 月，教育部高教司又颁发了《关于启动大学英语教学改革部分项目的通知》，指出："为进一步推动大学英语教学改革，不断提高大学英语教学质量，我司决定启动大学英语教学改革部分项目，主要包括制订《大学英语教学基本要求》和大学英语网络与多媒体教学体系建设。"根据这一文件要求，教育部先后十余次组织专家召开专门会议讨论制订并颁布了《大学英语课程教学要求》（以下简称《课程要求》）。后来教育部又对《课程要求》进行修改并颁布了 2007 新版《课程要求》。尽管新版《课程要求》得到了修改和补充，但是它的主要内容未变。《课程要求》作为一个改革的纲领性文件，提出了一个全新的教学模式，即"基于计算机和课堂的英语教学模式"，从而开始了全国规模的大学英语教学改革。由于大学英语教学改革强调的是现代信息技术与外语课程的有机整合，因此从某种意义上说，它不只是某种教学模式的改革，更预示着我国外语教学未来发展的方向，即全面地使用以计算机与网络为核心的现代信息技术，使其完全整合于我们的外语课程之中，并以此更加明确了计算机网络与外语课程整合的目标。

（三）信息技术与课程整合的基本模式

随着信息技术课程教学任务从单一的学科知识学习转向学生信息素养和综合能力的培养，要改变原来那种过分强调学科体系、脱离时代和社会发展状况的课程体系，探索以课程整合为基本理念、以信息技术为认知工具、以各学科知识的学习过程为载体、以培养学生信息技术素养和促进学生综合素质发展为目的的新型课程模式。

信息技术与课程整合有以下三种基本课程模式：

1. 信息技术作为学习的对象，教会学生信息技术的知识和技能

这种模式是专门开设信息技术课程来培养学生的信息素养，培养学生学习与应用信息技术的兴趣和意识，掌握计算机基础知识技能。信息技术课程不但是为了学习信息技术本身，还培养了学生利用信息技术的能力。按照课程整合的思想，将信息技术作为工具，整合到实际任务中学习，这些任务可以是其他学科知识，也可以是自然、社会问题。教师在任务设计时要灵活创新，对于相同的知识点，在完成所要求的学科目标的前提下，要根据不同的学校环境、教师特长和社会背景等，创设不同的任务进行教学。

2. 信息技术作为教学工具，完全为各科教学服务

这种模式是教师利用信息技术进行辅助教学。教师根据教学目标进行设计，将计算机作为备课工具，用它编辑所需资料、检索情报、处理文字以及管理教学资源等，在教学中决定在什么时候、用什么媒体、什么方式来呈现什么教学内容。计算机作为教学工具，在教学中的使用方法是多种多样的。有的利用计算机来完善传统的教学形式，给传统教学形式赋予新的内涵和生命力，如基于计算机的课堂讲演、练习、讨论及实验等。有的则完全是利用计算机革新课程内容和教学方法，创设出许多新的教学和学习形式，如合作学习、发现学习、交互式模拟、问题解决学习、以项目为基础的学习等。

3. 信息技术作为学习工具，支持学生的学习活动

这种模式是学生利用信息技术来完成一定的学习任务，信息技术主要提供文字处理、电子表格、数据管理、通信、虚拟现实等工具。学生利用信息技术来获取和存储信息，处理信息，表达思想，交流思想和解决问题，从而进行发现、探索、合作以及问题解决等各种形式的活动。信息技术在支持学生学习时，可以扮演以下三种角色：第一种是导师角色，如程序教学和后来发展起来的智能导师系统；第二种是学伴角色，如现在出现的虚拟学伴系统，

可以和学习者进行互帮互学；第三种是助手角色，如利用计算机和网络提供的丰富资源、认知工具和通信工具来进行辅助学习。

（四）实施信息技术与课程整合应遵循的主要原则

怎样实施信息技术与学科课程的整合，是一个需要深入研究与探讨的重大课题，而且不同学科的整合方式不完全一样，不能按一个模式来进行整合。但是信息技术与不同学科课程相整合的过程中又必须遵循若干共同的原则，否则将会事与愿违，甚至适得其反。所以认识并遵循信息技术与课程整合的原则是非常重要的，这是做好整合的前提条件。实施信息技术与课程整合应遵循以下五条原则：

1. 要以先进的教育思想、教学理论（特别是建构主义理论）为指导

信息技术与课程整合的过程不仅仅是现代信息技术手段的运用过程，它必将带来教育、教学领域的深刻变革。换句话说，整合的过程是革命的过程（而不仅是新的教学手段、教学方法的应用推广过程），既然是革命，就必须要有先进的理论做指导，没有理论指导的实践是盲目的实践，将会事倍功半甚至劳而无功。这里之所以要特别强调运用建构主义理论（当代一种较新的学习理论与教学理论）做指导，并非因为建构主义十全十美，而是因为它对于我国教育界的现状特别有针对性——它所强调的“以学生为中心”、让学生自主建构知识意义的教育思想和教学观念，对于多年来主导我国各级各类学校课堂的传统教学结构与教学模式是极大的冲击。除此以外，还因为建构主义理论本身是在 20 世纪 90 年代初期，伴随着多媒体和网络通信技术的日渐普及而逐渐发展起来的，可以说，没有信息技术就没有建构主义的“出头之日”，就没有今天的广泛影响，所以这种理论“天生”就对信息技术“情有独钟”，它可以为信息技术环境下的教学（也就是信息技术与各学科课程的整合）提供最强有力的支持。

2. 要紧紧围绕“新型教学结构”的创建这一中心来进行整合

要紧紧围绕“新型教学结构”的创建这一中心来整合，就要求教师在进行课程整合的教学设计工作中，密切注意教学系统四个要素（教师、学生、教材、教学媒体）的地位与作用：看看通过自己将要进行的“整合”，能否使各个要素的地位与作用和传统教学过程相比发生某些改变，改变的程度有多大，哪些要素将会改变，哪些还没有，其原因在哪里。只有紧紧围绕这些问题进行分析，并做出相应调整，使得通过最终教学设计所建构的教学模式能较好地体现新型教学结构的要求，这样的整合才具有意义。

3. 要注意运用“学教并重”的教学设计理论来进行课程整合的教学设计

目前流行的教学设计理论主要有“以教为主”教学设计和“以学为主”教学设计两大类。由于这两种教学设计理论均其各自的优势与不足，因此，最理想的办法是将二者结合起来，取长补短，形成优势互补的“学教并重”教学设计理论。而这种理论也正好能适应“既要发挥教师主导作用，又要充分体现学生学习主体作用的新型教学结构”的创建要求。在运用这种理论进行教学设计的过程中，要充分注意的是，对于以计算机为基础的信息技术（不管是多媒体还是计算机网络），不能把它们仅仅看作辅助教师“教”的演示工具，而应当更强调把它们作为促进学生自主学习的认知工具与情感激励工具，并要把这一观念牢牢地、自始至终地贯彻到课程整合的整个教学设计与各个环节之中。

4. 要高度重视各学科的教学资源建设，这是实现课程整合的必要前提

没有丰富的高质量的教学资源，就谈不上让学生自主学习，更不可能让学生进行自主发现和自主探索，教师主宰课堂、学生被动接受知识的状态就难以改变。新型教学结构的创建既然落不到实处，创新人才的培养自然也就落空。

但是重视教学资源的建设，并非要求所有教师都去开发多媒体素材或课件，而是要求广大教师努力搜集、整理和充分利用网上的已有资源，只要是

网站上有的，不管是国内的还是国外的（国外也有不少免费教学软件），都可以采用“拿来主义”。只有在确实找不到与学习主题相关的资源（或者找到的资源不够理想）的情况下，才有必要由教师自己去进行探究开发。

5. 要注意结合各门学科的特点建构易于实现学科课程整合的新型教学模式

教学模式一般属于教学方法、教学策略的范畴，但又不等同于教学方法或策略。这是因为后者往往只是指某种单一的方法或策略，而前者（教学模式）则要涉及若干种教学方法与策略。为了达到某种教学目的（如建构一种新型教学结构）或取得某种教学效果，老师们往往将多种教学方法、策略结合在一起综合运用，如果这种运用方式相对稳定，这就变成一种模式。换句话说，教学模式是指两种以上教学方法与策略的稳定结合。

能体现新型教学结构要求的教学模式很多，而且因学科而异。每位教师都应结合各自的学科特点去建构既能实现信息技术与课程整合，又能较好地体现新型教学结构要求的新型教学模式。所以模式的类型是多种多样的，不能将其简单化。但是若从最有利于培养创新人才的角度考虑，则有两种基于信息技术的教学模式（也就是能够实现信息技术与课程整合的教学模式）最值得我们去深入研究和探索。这两种教学模式就是“研究性”学习模式（也叫“探究性”学习模式）和“协作式”学习模式（也叫“合作式”学习模式）。

应当说明的是，本来教学模式和学习模式是有区别的——“学习”泛指所有掌握知识与技能的过程（不管是自主学习还是在教师指导与帮助下的学习），而“教学”则特指在教师指导与帮助下掌握知识与技能的过程，即“教学”可看作“学习”的某种特殊情况。这样一来，只要在该学习过程中有教师参与，那么把学习模式当作教学模式来看待也就没有什么不妥了。

第四节 信息技术在教育中的应用

一、信息技术在大学英语教学中的应用领域

（一）课程设置

依据教育部门相关文件要求，各高校应该根据自己的办学特点、学科优势、师资力量以及软硬件配套现状设计具有鲜明特色的大学英语课程体系。无论是综合英语类、语言技能类、语言文化类还是专业英语类的必修及选修课程，都需要充分考虑对学生听说能力的培养。听说是构成语言能力的技能部分，是完全内化后语言技能的显性体现。学生和教师的英语交流以及学生之间的英语交流会受到范例不足导致语音不标准或者语用不得体的现象。因此，为了提高学生的听说技能，各高校在课程设置上应相对弱化教师讲授所占比重，大量使用先进的信息技术，尽可能地营造真实的听说环境。

（二）教学模式

传统的教学模式以单一的教师讲授为主，新时期的高等教育大力倡导以现代信息技术和网络技术为支撑，采用基于计算机和课堂的两种教学模式。基于课堂的教学模式最突出的特点是比较适合读、写、译三种技能的培养和提高。基于计算机的教学模式可在学生自学并有教师辅导的教学环境下，逐步培养学生的听、说、读、写、译五项技能；该模式的优点是可以直接作用于听、说两种技能，并为其余三种技能创造信息化环境。例如，无纸化阅读和电子输入，不仅提高了广大学生的语言文化知识技能，而且全方位培养了学生适应信息时代全新的学习和工作的能力。也有学者提出过计算机和课堂相混合的教学模式，该模式是硬件教育资源充分配置下基于计算机和课堂两种模式的多元融合，可以确保在不受时间和空间限制的前提下，对英语五项

技能进行立体化教学。

（三）教学评估

教学评估是检验教学质量、获取反馈信息的重要依据，也是改善教学方法、调整教学策略、提高教学水平的有效手段。它既对学生的学习进行评估，又对教师的教学进行评估。信息技术在教学评估中比较适用于对学生学习进行形成性评估。在学生的自主学习阶段，实施计算机和课堂教学模式，综合完善的教学管理软件和流畅开放的计算机网络，有助于实时形成大学生自主学习记录，及时建立学习档案，并为教师提供动态客观的第三方监控，以最终形成评估结论。在对学生的终结性评估以及对教师的评估中，信息技术有助于教学实施者建立完备的评估结论档案体系，在技术上为语言教育研究者和教育行政管理者提供统计上的便利，以利于更深层次的发掘评估结论和教学过程的内在关联，促进行政管理和教学实践的互补协调。

（四）教学管理

教学管理贯穿于大学英语教学全过程。基于计算机和网络的大学英语教学及管理软件将一切在教学和管理中形成的文件以电子文档的形式自动建档并归类，使相关责任主体和学习主体能不受时空限制随时查阅。在基于计算机和局域网的教师讲授和学生自主学习中，教师不必走到学生中间去一一观察或管理，既降低了教师作为观察者对学生心理状态的干扰，又减轻了教师的后台管理工作。在基于互联网的远程学习和第二课堂中，信息技术更能发挥其良好的管理功能。在线互动、收发作业、知识信息的电子传输、学习效果反馈等均可以通过网络课程软件得以实现。以信息技术为利器，教学管理者可以使用在线培训等方式不断强化对教师的培训，进而提高教学团队的整体水平。

二、信息技术在大学英语教学中的应用过程

（一）转变教学观念，改进教学方法，开展信息化教学

在传统教学模式下，教师常常处于中心地位，学生处于被动接受的状态，这种英语教学模式已不能满足人才培养的需要。大学英语教师必须转变教学观念，接受新事物、新技术，积极学习网络多媒体技术，深刻了解网络多媒体技术应用于大学英语课堂为英语教学带来的变革性影响，积极利用网络多媒体技术进行课堂教学，改进教学方法，积极探索新的教学模式，力求使多媒体信息技术更好地为英语教学服务。

在大学英语教学中应用信息技术，不仅要转变教学方法和教学手段，而且要转变教学理念。教师是知识的讲授者和传播者，教学的目的是培养学生，使其掌握新知识、新技能。学生是大学英语教学中的对象和主体，因而大学英语教学效果应以学生的学习效果为依据，而学习效果在很大程度上取决于学生主体性的充分发挥。学生的主体性要求教师把学习的主动权交给学生，给他们自主学习的时间与空间。所以，教师应当摒弃以教师为中心，单纯传授语言知识和技能的教学思想和实践，而转向以学生为中心，既传授语言知识与技能，又注重培养学生语言实际应用能力和自主学习能力的教学思想和实践，使教学以培养学生终身学习能力为导向，逐步实现终身教育。信息技术需要最终应用于教学实践中，只有这样，才能发挥其服务于大学英语教学、改变教学模式、培养学生自主学习能力、提高学生综合文化素养的作用。首先，可以在课程设置上充分考虑高校现有的信息化软硬件环境，设计出符合自己办学特点的大学英语课程体系。其次，在教学模式上应充分利用现代信息技术，采用基于计算机和课堂的英语教学模式，改进以教师讲授为主的单一教学模式，体现大学英语教学实用性、知识性和趣味性相结合的原则，从而调动教师和学生两方面的积极性，尤其是要体现学生在教学过程中的主体地位和教师在教学过程中的主导作用。再次，在教学评估中应加大对现代信

息技术的利用，以及以此为依托的评估结果所占的比重。最后，在教学管理工作中，可以开发综合性的教学管理软件，以便各类教管文件的存档管理、教学活动的动态监控、教师的在线培训等相关活动的开展。

（二）改革评价方式，关注学习过程

评价方式是教学中的重要环节。大学英语教学要求我们改革评价方式，关注学生学习过程中的情感态度、学习方法、实践能力等综合因素，对学生实现全面、客观、科学的评价。信息技术在大学英语教学中的应用，能赋予教学评价更多的指导作用和教育意义，实现以评促学。例如，教师可以利用网络教学平台的存储功能，为每个学生建立“个人作品集”，将学生的课堂表现和课后作业以音频、视频或图片的形式存储起来，使学生可以发现自己在英语学习中的长处与不足，看到自己的成长与进步，再对学生进行过程性评价和激励性评价，使学生通过评价，体会到学习英语的乐趣，从而提高英语教学的效率。

（三）架构信息化教学环境，加强网络资源库建设

一方面，配备计算机，建设计算机辅助教学语言实验室，架设局域网络，开放与网络连接的端口是信息技术应用于大学英语教学的物质基础，也称作硬环境建设。一般来讲，高校在架构设备设施时，应处理好以下三方面的关系：办学特点、投资成本、利用效率。在投入之初，应当积极开展专家论证、教师调研、实践考察等多种活动，以设计出符合本校办学特点、节约资金且又能发掘其最大功效的硬件体系。另一方面，开发和建设各种基于计算机和网络的教学软件以及网络课程是信息技术应用于大学英语教学的技术保障，也称作软环境建设。软环境建设也需要考虑以上多个方面的因素，通常可以采用独立软件开发和开放式软件采购的方式。独立软件开发适用于统筹有自己办学特色的各种硬件设备，使之能高效协同运作，这一类软件的开发不会耗费大量的资金，且能充分考虑到各高校的硬件现状以及教师的使用习惯，极具个性化特征。开放式软件采购主要是指与教材相匹配的各种教学软件、

网络课程以及与之相适应的评估和管理软件。由于这类软件多基于教材，具有很强的专业性，依靠某个高校内的成员是很难完成的，因此这类软件多由国家教育经费支持，综合全国专家和技术人员共同设计配套开发，各高校只需直接购买即可。

完善的网络多媒体信息设备是信息技术辅助大学英语教学的先决条件，学校有关部门应该积极筹集资金建立多媒体教室、语音室，搭建稳定的校园网络平台，以保证英语教学的顺利进行。此外，学校还要配备相关的技术人员负责校园网络的维护和多媒体使用的指导工作。

网络资源库是用信息技术辅助大学英语教学的必要条件之一，只有丰富的、多样化的网络多媒体资源才能满足教师教学的需要。因此，学校应该组织有关人员讨论研究，深入学生中，积极制作多样化的多媒体课件。课件制作应该以学生为导向，符合学生认知规律，同时能充分调动学生学习的积极性和主动性，使学生在轻松愉快的课堂氛围中学习英语，有效地掌握英语基本知识和基本技能。

（四）组建信息化教学管理团队

组建团队是信息技术得以在大学英语教学中高效应用的重要环节，一般包括以下几个方面的工作：一是选择成员。在教师团队里，要兼顾年龄分布、职称结构、操作技能这三方面的因素。管理团队的组建需要将行政管理人员和工程技术人员纳入进来，并且要充分考虑到学生人数和教师教辅人数的比例。二是明确职能分工。这主要是针对教师、教辅及管理人员而言的，其职能分工应与教学目标相匹配。三是建立团队运行管理机制。包括日常沟通机制、应急处理机制、奖惩机制、准入和准出机制等。

英语教师是网络多媒体教学顺利进行的关键所在，教师只有熟练掌握多媒体技术，才能在实际教学中运用自如，才能使网络多媒体技术有效地辅助英语教学。因此，学校必须加强对英语教师的信息技术培训工作。首先，学校可以聘请信息技术人员来校举办讲座，或者利用寒暑假开办培训班，教授英语教师基本的网络多媒体理论和技能。其次，学校还可以定期派英语教师去其他学校交流学习，学习如何利用网络多媒体技术进行英语教学，如何在保证教学质量的同时，还可以增加教学过程的多样性和趣味性。

三、信息技术在大学英语教学中的作用

（一）有助于调动学生学习英语的积极性

实验证明，人类主要通过听觉和视觉获取大量的信息，而且这样获取的信息印象更为深刻。大学英语课堂中使用网络多媒体信息技术可以将图像、声音、文字等信息融为一体，通过人机交互，多方位地刺激学生的感觉器官，全面调动学生的听觉和视觉，为学生营造一个轻松愉快的真实场景，有效地激发学生的学习兴趣，调动学生学习的积极性、主动性和创造性。

（二）有助于学生个性化的发展

在传统的大学英语教学中，无论是教学手段还是教学方法都是单一的，教师主要通过口头讲解和纸质教材向学生传授各种语言知识，这种方式很难刺激学生的学习兴趣，学生的学习行为只是被动的、僵化的，学生的个性化难以得到发展。现在教师可以运用信息技术手段辅助大学英语教学，根据教学内容的不同要求，将文字、图形、图像、声音等物理媒介组合起来，形成多媒体课件，为学生创造一个全新的、多元化的、原汁原味的外语学习环境，让学生充分体会这种语言环境。

在实践教学中，教师可以根据学生的不同个性、不同层次充分使用信息技术设备设置难易不同的学习内容，存储于网络服务器中，方便学生随时调用这些资源。语言学习环境的建立可以充分调动学生学习语言的兴趣和积极性，也可以转变以教师为中心的教学模式。尊重学生在教学中的主体地位，对于学生个性的形成、创造性思维的培养都是极为有益的，对于学生综合素质的形成也会产生深远而重大的影响，在大学英语教学中能真正实现灵活多样的个性化教学。

（三）有助于培养学生的自主学习能力

在大学英语课堂中运用多媒体技术辅助英语教学，彻底改变了传统课堂中以教师为中心、学生被动参与的单一教学模式。新型的教学模式以网络多媒体技术为平台，使学生能够主动参与其中。学生可以根据自己的情况，自主选择所要学习的内容和学习方式，自由地获取所需的知识和信息，以满足自身求知的欲望。该教学模式可以极大地调动学生学习英语的积极性，培养学生自主学习的能力。

大学英语教学的目的，不仅仅是向学生传授语言知识，更重要的是培养和提高学生运用英语进行交流的能力。要使英语真正成为信息化和国际化社会必备的工具性知识和交际工具，运用信息技术构建情景式教学环境是教学过程中的一个重要手段。

在教学过程中，利用音频技术和多媒体技术营造逼真的交际环境让学生产生身临其境的感觉，有助于激发学生的学习欲望，让学生主动参与到教学实践中，使学生的口语表达能力得以提高。通过模拟某一国际会议的工作布局和完整流程，能从感官体验上锻炼学生的心理素质；通过嵌入式系统、以太网技术、多通道分组通信实时传输协议等数字技术，能对学生进行口译训练、翻译训练、译员训练、同传训练等训练，使学生的外语技能得到全面的锻炼。通过活泼多样的教学方式，将学与练有机结合起来，对学生英语学习能力的提高会起到事半功倍的效果。

（四）有助培养学生的跨文化交际能力

在大学英语课堂中使用网络多媒体信息技术，能为学生提供大量的真实语言环境，让学生身临其境，有助于提高学生的跨文化交际能力。在以前的英语课堂上，英语教师大多是单纯地授课，学生也只是被动地接受和记忆语言知识。而对语言这门特殊的学科而言，缺少了语言环境，语言的学习效果就会大打折扣。而多媒体信息技术能通过大量的图文、动画为学生创造一个真实的语言环境，让学生沉浸在真实的语言情境之中感受英语的魅力，真正理解英语语言和文化，培养学生的跨文化交际能力。

第五节　信息化教学的理论依据

一、人的全面发展理论

教育目的既是教育活动的宗旨，也是教育活动开展的依据。在不同的社会历史时期，由于受历史条件、教育价值观的制约，对把受教育者培养成何种质量规格的人才的要求各不相同。中国古代教育家提出通过礼、乐、射、御、书、数的教育培养国之“士”；古希腊的教育家在教育中开设“七艺”，以培养有健康体魄、有道德、有美感的人等。在教育史上，关于教育理论的论述林林总总，但文艺复兴后，人的全面发展几乎为近代西方每一个进步思想家所推崇，成为贯穿在近代历史文明发展中的崇高理想。

（一）马克思主义的“人的全面发展”理论

人的全面发展，最根本的是指人的劳动能力的全面发展，即人的智力和体力的充分、统一的发展，同时包括人的才能、志趣和道德品质的多方面发展。人的发展始终是思想先驱们所思考的问题，普罗泰戈拉、圣西门、傅立叶等人均对人的发展进行过探讨。但直到19世纪中叶，马克思与恩格斯在吸收前人理论的基础上才提出了人的全面发展理论，标志着人的发展理论的正式确立。

马克思在青少年时期就开始思考有关人的发展问题，他在《青年在选择职业时的考虑》中指出，职业选择的主要指针是人类的幸福和自身的完善，这是马克思关于人的发展的最早的描述。在进步的思考下，马克思在《1844年经济学哲学手稿》中初步提出了人的全面发展的思想，指出人以一种全面的方式，也就是说，作为一个完整的人，占有自己的全面的本质。而在《关于费尔巴哈的提纲》中，马克思指出实践对全面发展的重要意义，认为“个人的全面发展，只有到了外部世界对个人才能的实际发展所起的推动作用为个人本身所驾驭的时候，才不再是理想、职责等等，这也正是共产主义者所向往的”。这一系列理论初步形成了马克思关于人的全面发展的思想。其后，马克思和恩格斯在《哲学的贫困》《共产主义原理》《共产主义信条草案》以及《共产党宣言》中进一步论述和发展了这一思想，最终形成了完整的关于人的全面发展的理论。

马克思主义关于“人的全面发展”理论，概括起来主要包括以下几个方面的内容。

1. 人的需要的全面发展

马克思认为，需要是人的本性，需要是人类一切活动的源泉和动力，没有需要，就没有生产。人正是为了满足自己的生存、享受和发展需要，才进行物质生产和社会活动。人的需要的不断丰富和全面，标志着人本质力量新的呈现和人存在的充实。满足正当需要是人不可剥夺的权利，一切压抑人的正当需要的做法，都是违背人性的，都从根本上否认了人本身。所谓人的需求的全面发展，就是除了物质需求以外，社会关系方面的各种需求和精神生活中的各种需求，以及自我实现和发展、自由的需求等。

2. 人的主体性的全面发展

人的主体性是指凭借自己的综合素质与实践活动而处于支配地位，成为主人的人所具有的特殊属性。马克思认为，人是社会历史的主体，人的主体性是人在创造自己历史的活动中所表现出来的能动性、创造性、自主性。

3. 人的能力或才能的全面发展

马克思把人的能力的全面发展看作人的全面发展的核心。人的能力的发展是人的全面发展的重要内容，发展人必须发展人的各种才能。人的能力是多方面的，包括人的自然能力和社会能力、潜力和现实能力、体力和智力等。只有人的这些能力或才能都得到充分发展，才是真正的全面发展。

4. 人的个性的自由发展

人的自由个性是人的本质力量发展的集中体现，是个人的生理素质、心理素质和社会素质在不同社会领域的集中表现，是人的自主性、能动性、独特性、创造性的充分展示。马克思指出个性的自由发展就是“一切天赋得到充分发展”。

5. 人的社会关系的全面发展

人的社会关系是指人与自然、社会以及他人的关系。社会关系是人的现实本质，或是人的本质的现实性表现。马克思认为：“人的本质并不是单个人所固有的抽象物，在其现实性上，它是一切社会关系的总和。”所以，在其本质意义上，人的全面发展实际上就是人的一切社会关系的全面发展，因为“社会关系实际上决定着一个人能够发展到什么程度”“一个人的发展取决于与他直接或间接进行交往的其他一切人的发展”。因此，人必须积极参与社会生活多个领域的交往，在交往中形成丰富而全面的社会关系。可见，人的全面发展的核心内容就是人的本质的全面发展。人的本质的全面发展，也就是人的社会属性即人的社会关系的全面发展。人的本质的丰富性、全面性取决于社会关系的丰富性、全面性。没有个人与社会之间的普遍联系，个人的才能就不能得到发展，人的社会性质也就不能得以充分体现。只有人的社会关系得到高度的丰富和发展，人的全面发展才有可能。

（二）人的全面发展是现代教育的共同追求

古希腊哲学家亚里士多德主张“和谐教育”。夸美纽斯在其名著《大教学论》一书中提出了泛智教育的理想，希望所有的人都能够受到完善的教育，都得到多方面的发展，成为和谐发展的人。法国启蒙思想家卢梭是自然主义教育思想的代表，他认为教育的目的和本质就是促进人的自然天性，即自由、理性和善良的全面发展。瑞士教育家裴斯泰洛齐倡导教育应以善良意志、理性、自由及人的一切潜在能力的和谐发展为宗旨。

（三）人的全面发展是 21 世纪社会发展的要求

21 世纪，全球正在全方位迈向知识经济时代，这是一个不可抗拒的历史性转变。知识经济本质上是人才经济、头脑经济、智慧经济。

在知识经济中，以知识、信息为基础的产业将占越来越大的比重，“生产”过程日益“非物质化”“智力化”，人与物质和技术的关系将降至次要地位。这要求人才从掌握某种职业的实用技能，转向具有适应劳动世界变化的综合能力（包括劳动技能以外的合作精神、创新精神、风险精神、交流精神等）；要求人才不仅需要具备智力技能，还需要具备社会技能，包括人际关系处理技能等。

随着科学技术的发展进步，原有的职业会被淘汰，新的职业将陆续产生，一个人多次变动工作或劳动场所将是常事。追求人的全面发展，重在培养素质、能力，才能适应 21 世纪社会发展的要求。

二、建构主义学习理论

（一）皮亚杰的认知发展理论

建构主义的最早提出者是瑞士认知心理学家皮亚杰（Jean Piaget），他的建构主义基于他有关个体的认知发展的观点，发展了发生认识论。从个体认知发展理论和个体发展阶段理论出发，皮亚杰认为个体所获得的成功主要不是由教师传授，而是出自个体本身，是个体主动发现、自发学习的结果。个体在与周围环境相互作用的过程中，逐步建构关于外部世界的知识，从而使自身认知结构（图式）得到发展。他指出：“认识既不能看作是在主体内部结构中预先决定了的——它们起因于有效的和不断的建构；也不能看作是在客体的预先存在着的特性中预先决定了的，因为客体只是通过这些内部结构的中介作用才被认识的。”知识既不是客观的东西，也不是主观的东西，而是个体在与环境交互作用的过程中逐渐建构的结果。

个体认知结构的发展涉及三个基本过程：同化、顺应和平衡。

（1）同化。同化是指把外部环境中的有关信息吸收进来并结合到个体已有的认知结构中，即个体把外界刺激整合到自己的认知结构内的过程。随着个体认知的发展，同化依次经历了三种形式：再现性同化、再认性同化和概括性同化。再现性同化是个体对出现的某一刺激做出相同的重复反应；再认性同化是个体辨别物体之间差异借以做出不同反应的能力；概括性同化是个体知觉物体之间的相似性并把它们归于不同类别的能力。

（2）顺应。顺应是指外部环境发生变化而已有的认知结构无法同化新信息时所引起的个体认知结构发生改变的过程，即个体的认知结构因外部刺激的影响而发生改变的过程。顺应与同化是相伴而行的，没有纯粹的同化，也没有单纯的顺应。同化是认知结构数量的扩充（图式扩充），而顺应则是认知结构性质的变化（图式改变）。因此，认知个体的发展是同化与顺应对立统一过程的产物。

（3）平衡。平衡是指个体通过自我调节机制使认知发展从一个平衡状态向另一个较高平衡状态过渡的过程。认知个体就是通过同化与顺应这两种形式达到与周围环境的平衡：当个体能用现有图式同化新刺激时，它便处于一种平衡的认知状态；当现有图式不能同化新刺激时，平衡即被破坏，而修改或创造新图式（顺应）的过程就是寻找新的平衡的过程。个体的认知结构就是通过同化与顺应过程逐步建构起来，并在“平衡—不平衡—新的平衡”的无限循环中得到不断的丰富、提高和发展。

（二）建构主义学习理论的基本观点

建构主义学习理论是认知主义学习理论的进一步发展。该理论发展了早期认知学习论中已有的关于“建构心理结构”的思想，强调学生在学习过程中主动建构知识的意义，并力图在更接近、更符合实际情况的情境性学习活动中，以个人原有的经验、心理结构和信念为基础建构和理解新知识。

近年来，建构主义流派纷呈，呈现出百家争鸣的昌盛局面。各种建构主义观点的立足点尽管存在分歧，但它们对学习的观点都有以下几点共识：

（1）学习是学习者主动建构内部心理表征的过程。建构主义认为根本不存在一成不变的“客观”事实。学习不是由教师向学生传递知识，而是学生根据外在信息，通过自己的背景知识和经验，自我建构知识的过程。在这个过程中，学习者不是被动的信息吸收者和刺激接受者，他既要对外部信息进行选择和加工，又要根据新知识与自己原有经验背景知识的关联主动地建构信息的意义。

（2）学习过程是一个双向建构的过程。建构主义认为建构一方面是对新信息的意义建构，运用原有的经验超越所提供的信息，另一方面又包含了对原有经验的改造和重组。在学习过程中，每个学习者都在以自己原有的经验系统为基础对新的信息进行编码，建构自己的理解，而且原有知识又因为新经验的进入而发生调整和改变。所以学习并不单单是信息的量的积累，它同时还包含由于新旧经验的冲突而引发的观念转变和结构重组。学习过程也不单单是信息的输入、存储和提取，而是新旧经验之间双向的相互作用过程。

（3）学习具有社会性。建构主义认为知识或意义是以学习者原有的经验背景知识为基础建构起来的，由于每个人所处的社群、积累的经验和具有的文化背景不同，因此每个人对事物的理解也存在个体差异。知识或意义不仅是个人主动建构的结果，而且需要依靠意义的社会共享和协商进行深层的建构。人的自然属性和社会属性决定了人们不可能孤立地在社会实际生活中完成学习，彼此之间必须进行交流和协作。通过对话、协商、沟通，学习者能看到那些与自己观点不同的观点，在多种不同观点的“碰撞”和“融合”中，不断进行自我反思，完善对知识的意义建构。

（4）学习具有情境性。建构主义认为学习发生于真实的学习任务中。真实的学习任务不仅有利于激发学习者的学习主动性，还是个体建构知识的源泉。这一方面表现在学习者理解、建构知识受特定学习情境的影响，个人的认知结构是在与社会交互作用以及与其自身经验背景相互作用的过程中，逐步形成与完善起来的。另一方面表现在知识在各种情况下的应用不是简单套用，而是需要针对具体情境的特殊性对知识进行再创造。

（三）建构主义学习理论的学习观

建构主义学习理论认为，知识不是通过教师传授得到的，而是学习者在一定的情境即社会文化背景下，借助学习过程中其他人（包括教师和学习伙伴）的帮助，利用必要的学习资料，通过意义建构的方式而获得的。由于学习是在一定的情境即社会文化背景下，借助其他人的帮助即通过人际间协作活动而实现的意义建构过程，因此有人认为“情境”“协作”“会话”“意义建构”是学习环境中的四大要素或四大属性。

（1）情境：学习环境中的情境必须有利于学生对所学内容的意义建构。

（2）协作：协作发生在学习过程的始终，对学习资料的搜集与分析、假设的提出与验证、学习成果的评价乃至意义的最终建构均有重要作用。

（3）会话：会话是协作过程中不可缺少的环节。学习小组成员之间必须通过会话商讨如何完成规定的学习任务。此外，协作学习过程也是会话过程，在此过程中，每个学习者的思维成果（智慧）为整个学习群体所共享，因此会话是达到意义建构的重要手段之一。

（4）意义建构：这是整个学习过程的最终目标。所要建构的意义包括事物的性质、规律以及事物之间的内在联系。在学习的过程中帮助学生建构意义就是要帮助学生对当前学习内容所反映的事物的性质、规律以及该事物与其他事物之间的内在联系达到较深刻的理解。

（四）建构主义学习理论的知识观

建构主义学习理论认为，知识不是对现实的纯粹客观的反映，任何一种传载知识的符号系统也不是绝对真实的表征。它只不过是人们对客观世界的一种解释、假设或假说，并不是问题的最终答案，但它必将会随着人们认识程度的深入而不断被变革、升华和改写，促进新的解释和假设出现。

知识并不能绝对准确无误地概括世界的法则，提供对任何活动或问题解决都实用的方法。在具体的问题解决中，知识是不可能一用就准、一用就灵的，而是需要针对具体问题的情境对原有知识进行再加工和再创造。

知识不可能以实体的形式存在于个体之外，尽管通过语言赋予了知识一定的外在形式，并且获得了较为普遍的认同，但这并不意味着学习者对这种知识有同样的理解。真正的理解只能由学习者基于自己的经验背景建构，而这取决于特定情况下的学习活动过程。否则，就不能叫作理解，而应叫作死记硬背或囫囵吞枣，是被动的复制式的学习。

（五）建构主义学习理论的学生观

建构主义强调，学习者并不是空着脑袋进入学习情景中的。在日常生活和以往各种形式的学习中，学习者已经形成了有关的知识经验，他们对任何事情都有自己的看法。即使有些问题他们从来没有接触过，没有现成的经验可以借鉴，但是当问题呈现在面前时，他们还是会基于以往的经验，依靠他们的认知能力，形成对问题的理解，提出他们的假设。

教学不能无视学习者已有的知识经验，简单地从外部对学习者实施知识灌输，而应把学习者原有的知识经验作为新知识的生长点，引导学习者从原有的知识经验中生长新的知识经验。教学不是知识的传递，而是知识的处理和转换。除了呈现知识，教师更应重视学生自己对各种现象的理解，倾听他们时下的看法，思考他们这些想法的由来，并以此为据，引导学生丰富或调整自己的解释。

教师与学生、学生与学生之间需要共同针对某些问题进行探索，并在探索的过程中相互交流和质疑，了解彼此的想法。由于经验背景不可避免的差异性，学生对问题的看法和理解经常是千差万别的。其实，在学生共同体中，这些差异本身就是一种宝贵的现象和资源。建构主义虽然非常重视个体的自我发展，但是也不否认外部引导，亦即教师的影响作用。

三、多元智能理论

（一）多元智能理论的产生

20世纪初，法国心理学家比奈创造了智力测验，用来测量人的智力的高低。1916年，德国心理学家施太伦提出了“智商”这一概念：智商即智力商数，它是用数值表示智力水平的重要概念。1935年，亚历山大第一次提出“非智力因素”这个概念。所谓“非智力因素”，是指记忆力、注意力、观察力、想象力、思维力等智力因素之外的一切心理因素，主要包括动机、兴趣、情感、意志、性格等。这些非智力因素都是直接影响和制约智力因素发展的意向性因素。但是，这一理论提出后，并未受到人们的关注。

1967年，美国在哈佛大学教育研究生院创立“零点项目”，由美国著名哲学家戈尔曼主持。“零点项目”的主要任务是研究在学校中加强艺术教育，开发人脑的形象思维问题。从这以后的20年间，美国对该项目的投入达上亿美元，参与研究的科学家、教育家超过百人，他们先后在100多所学校做实验，有的人从幼儿园开始就连续进行20多年的跟踪对比研究，出版了几十本专著，发表了上千篇论文。多元智能理论就是这个项目在20世纪80年代的一个重要成果。

哈佛大学霍华德·加德纳教授在参与此项研究的过程中首先考察了大量的、迄今没有相对联系的资料，即关于神童的研究、关于脑损伤病人的研究、关于有特殊技能但心智不全者的研究、关于正常儿童的研究、关于正常成人的研究、关于不同领域的专家以及各种不同文化中个体的研究。通过对这些研究的分析整理，他提出了自己对智力的独特理论观点。基于多年来对人类潜能的大量实验研究，加德纳在1983年出版的《智力的结构》一书中，首次提出并着重论述了他的多元智能理论的基本结构，并认为支撑多元智能理论的是个体身上相对独立存在着的，与特定的认知领域或知识范畴相联系的八种智力，这些为多元智能理论奠定了理论基础。

（二）多元智能理论对教育改革的意义

1. 多元智能理论有助于形成正确的智力观

真正有效的教育必须认识到智力的广泛性和多样性，并使培养和发展学生各方面的能力占有同等重要的地位。

2. 多元智能理论有助于转变教学观

多元智能理论认为，每个人都不同程度地拥有相对独立的八种智力，而且每种智力有其独特的认知发展过程和符号系统。因此，教学方法和手段就应该根据教学对象和教学内容而灵活多样，因材施教。

3. 多元智能理论有助于形成正确的评价观

传统的智力测验是片面的、有局限性的。多元智能理论认为，人的智力不是单一的能力，而是由多种能力构成的。因此，学校的评价指标、评价方式也应多元化，学校教育应从纸笔测试中解放出来，注重对不同人的不同智能的培养。

4. 多元智能理论有助于转变学生观

根据多元智能理论，每个人都有其独特的智力结构和学习方法。所以，对每个学生都采取同样的教材和教法也是不合适的。多元智能理论为教师提供了一个积极乐观的学生观，即每个学生都有闪光点和可取之处，教师应从多方面了解学生的特长，并采取适合其特点的有效方法，使其特长得到充分的发挥。

5. 多元智能理论有助于形成正确的发展观

根据加德纳的观点，学校教育的宗旨应该是开发多种智能并帮助学生发现适合其智能特点的职业和业余爱好。多元智能理论认为，应该让学生在接受学校教育的同时，发现自己至少有一个方面的长处，从而热切地追求自身内在的兴趣。

四、素质教育理论

素质教育是指一种以提高受教育者诸方面素质为目标的教育理念，相对于应试教育，它更突出人的思想道德素质、能力培养、个性发展、身体健康和心理健康教育。

（一）素质教育

1. 素质教育的定义

目前，由于对素质教育内涵的研究角度不同，教育界给“素质教育”下的定义也不尽相同。有人依据“强调点”归纳“素质教育”，有人强调以人的发展为出发点，有人强调人的发展和社会发展，有人强调公民素质，有人强调先天与后天相结合，有人把各种素质平列，有人试图划分素质层次，还有人强调通过科学途径充分发挥天赋。综观这些定义，虽然表述不一，但有着共同特点：

第一，素质教育是以全面提高全体学生的基本素质为根本目的的教育。

第二，素质教育要依据社会发展和人的发展的实际需要。

第三，在某种意义上，素质使人联想到潜能。这些定义不仅都主张充分开发智慧潜能，还主张个性的全面发展，重视心理素质的培养。

依据以上分析，笔者认为可以将素质教育定义为：素质教育是依据人的发展和社会发展的实际需要，以全面提高全体学生的基本素质为根本目的，以尊重学生个性，注重开发人的身心潜能，注重形成人的健全个性为根本特征的教育。

2. 素质教育的本质

素质教育从本质上来说，就是以提高国民素质为目标的教育。这是从教育哲学的角度，在教育目的层次上对素质教育概念的一种规定。这一规定把素质教育与其他种种不是以提高国民素质为目标的教育区分开来。例如，它明确地区分了素质教育与应试教育。

第一，素质教育的目标是提高国民素质；而应试教育的目标是“为应试而教，为应试而学”，在此目标导向下，即使客观上能使部分学生的某些素质获得浅层次发展，也可能影响其他方面的发展。

第二，素质教育以提高国民素质为目标，必然要面向全体学生，面向每一位未来的国民；而应试教育则更多关注学生的应试能力。

第三，素质教育为了提高国民素质，强调教育者应发挥创造精神，从学校实际出发设计并组织科学的教育教学活动，促进受教育者在自主活动中将外部教育影响主动内化为自己稳定的身心素质；应试教育则是教育者跟着考试指挥棒亦步亦趋，教学方法上以灌输、被动接受为基本特征的一种教育方式。

（二）实施素质教育的意义

1. 实施素质教育是我国社会主义现代化建设的需要和迎接国际竞争的迫切需要

我们正在实施科教兴国战略和可持续发展战略，已在21世纪激烈的国际竞争中处于战略主动地位。与此同时，我们也面临着资金、技术和物质资源不足等问题，而最大的问题是缺乏高素质人才的问题。在我国这样一个人口众多的发展中国家，大力加强人力资源能力建设是实施人才强国战略的关键。

2. 实施素质教育是迎接21世纪科技挑战的需要

当代科学技术发展的特点是发展速度加快，新领域突破增多；学科高度分化而又高度综合；科学技术转化为生产力的周期大大缩短；知识信息传播超越时空。当代科学技术的飞速发展也带来了产业结构的不断调整和职业的广泛流动性。所有这些都对未来人的素质的培养和教育提出了新要求。为了更好地迎接21世纪科学技术发展和知识经济的挑战，每一个人都必须终身学习，不断调整、提高、发展自己。在终身教育观、大教育观的指导下，基础教育阶段具有特殊的意义。每一个人在基础教育阶段都要打好基础，养成基本素质，学会学习，学会自主地发展自己。

3. 实施素质教育既是社会的要求，又是教育领域自身的要求

我国实施的是九年制义务教育。所谓义务教育，指的是依据法律，国家、社会、家庭必须予以保证适龄儿童青少年接受的一定年限的教育。义务教育的本质要求是使每一个人都得到应有的发展，而素质教育面向全体反映了义务教育的这一本质要求。

终身教育是我们打开 21 世纪大门的一把钥匙。终身教育概念起初被应用于成人教育，后来逐步被应用于职业教育，现在则包括整个教育过程和个性发展的各个方面。应试教育的倾向不能适应时代的需要，实施素质教育也正是在克服应试教育的倾向中逐步明确、逐步提出的基础教育改革课题。素质教育是我们时代和社会的需要，是我们基础教育改革的时代主题，也是我们克服应试教育影响的总对策。

第二章　大学英语教学的基本理论

第一节　大学英语教学途径

教学贵在得法。有效地开展大学英语教学工作，培养高素质的应用型人才，是大学英语教学努力的方向。本节将就现代大学英语教学的分级教学体制实施的利弊、优化课程设置、创新课堂教学形式三个方面进行分析，探索一条新时代的大学英语教学途径。

语言教学是一个国家教育体系中必不可少的组成部分，无论是人与人之间的交流，还是国与国之间的对话，都离不开语言。在经济全球化的今天，英语作为一门世界语言的作用日益凸显。同时，中国和世界对英语人才的需求也与日俱增。因此，具备良好的英语表达能力已经成为时代发展的必然要求，也成为当代大学生必须掌握的技能。国家投入了大量的人力、物力和财力在大学基础英语教学工作中，旨在培养学生运用英语进行交际的能力。大学英语教学不仅要培养学生的听、说、读、写等基本语言技能，还要培养他们运用英语进行跨文化交际的能力。在实际教学工作中，如何有效地开展大学英语教学工作，培养高素质的应用型人才，是大学英语教师要思考的问题。

一、分级教学体制的实施

大学英语分级教学体制一直以来都饱受争议。很多人认为，分级教学是一种差别对待，会使英语水平差的学生产生自卑心理，不利于学生的心理健康。分级教学体制的实施加重了师资队伍的负担，同时也加大了教学管理的难度，因此分级教学在高校英语教学的实施中一直发展缓慢。实际上，大学英语分级教学是本着因材施教和提高教学效果的原则，根据学生的实际英语水平将学生划分为不同的等级，进而采用不同的教学方案进行教学活动的一种教学体制。分级教学的最终目的是让学生在各自不同的起点上分别取得进步。这有利于教师开展有针对性的教学，将教学目标和教学内容设置得更加个性化，从而能够更加有效地提高学生的英语水平。

（一）大学英语分级教学的优势

我国幅员辽阔，区域经济发展不均衡，进而导致了教育水平的发展也不均衡。地域差异和城乡差异造成了大学生入学时英语水平参差不齐的现象。把这些学生安排在同一班级进行授课，教师难以根据学生的水平和特点因材施教，往往会造成一部分学生“吃不饱”，一部分学生“吃不消”的现象，打击了学生的上进心，同时也影响了学生的进步。显然，这种一锅粥式的授课制度，难以取得良好的教学效果。

此外，从认知心理学的角度来看，人们语言习得的唯一途径就是获得可理解性的语言输入。也就是说，如果教师传授的语言知识远远高于或者低于学生的认知水平或理解范畴，都不能进行有效的知识传递。只有最适当的知识输入，才能更好地被学生理解和掌握。在这种混合式的授课体系中，如果教师偏向一部分学生进行授课，另一部分学生就无法跟上，从而灰心挫败，失去继续学习的动力；反之，又会使一部分学生觉得上课毫无新意、索然无味，两者孰重孰轻，不难把握。

所以，根据学生英语水平的个体差异进行分级教学，使教学具有更强的针对性，有助于学生获得最符合他们需求的知识输入，在原有认知水平的基础上增长知识，获得技能。

（二）大学英语分级教学的瓶颈

在高校实行大学英语分级教学体制，普遍存在以下两方面的困难：其一，在师资储备严重不足的情况下，实行分级教学体制无疑加重了教师队伍的负担，难以保证教学质量。近年来，高校不断扩大招生，许多院校师资不足。不少教师的工作负荷很高，已经超出了教师的承受能力。如果再进行分级教学，班级容量变得更小了，那就意味着每位教师需要承担更多班级的授课任务，还有可能进行跨级教学，这无疑使本来就不足的师资力量变得更加捉襟见肘。教学工作量的加大、教学负担的加重，必然严重影响教师的教学质量。其二，分级教学体制也加大了学校管理的难度。这主要体现在学生管理、教学排课、教材征订和学生考试等方面。就学生管理和教学安排而言，分级教学无疑使学生上课时间变得更加分散和复杂，这就需要采用更加科学、合理和有效的方法对学生实施有效的管理和监督。此外，既然实行分级教学体制，相对应的教材、考试内容的制定也必须做相对应的分级配套调整，这也是一个耗资巨大的工程。

分级教学体制目前还处于探索阶段，处在一个需要不断实践、不断摸索和不断完善的过程中。同时它也是一个复杂的系统工程，关系着学校管理的各个环节，只有相关部门紧密配合，才能顺利运行。分级教学体制作为大学英语教学改革的新事物，还需要广大英语教育工作者继续实践和总结。

二、优化课程设置

一直以来，作为高校的公共基础课，大学英语普遍采用的是综合教程进行授课，其为一门集阅读、听力、语法、写作为一体的多种技能综合课程。其优点是可以全方位地训练学生的听、说、读、写、译等综合能力；缺点在于多而不精，每一种技能都训练不到位。教师在授课过程中，往往因为教学内容和训练技能繁多，导致教学安排顾此失彼，每种技能都没有得到充分的练习，从而影响了教学质量。这种杂糅式的综合课程已经不符合时代发展的要求了。高等教育着眼于培养高精尖人才，因此，按照技能模块设置课程无疑是优化课程体系的一个很好的途径。我们可以把综合教程拆分为四门课程，分别在大学的四个学期开设。它们分别是听力和情景模仿（Listening to Conversations and Conversations Imitation）、观点陈述和课堂讨论（Presentations and Classroom Discussion）、英文读写（Writing and Reading）、跨文化教学（Cross-cultural Education）。

（一）听力和情景模仿

听力和情景模仿是一门训练学生听说技能的课程，它着重培养学生两方面的能力：一是学生通过听情景对话，记录关键信息进而理解和掌握语篇内容的技能；二是学生根据听力中的情景对话，进行口头复述和模拟表演的技能。情景对话应尽量选取最生活化、最实用的主题内容，让学生充分感受到学到的知识是生活中最需要的，学完即用，从而大大激发他们的学习兴趣，提高他们的学习效率。

（二）观点陈述和课堂讨论

观点陈述和课堂讨论课是一门能够让学生进行有效的课堂展示的课程。高校课堂应该给学生的个人展示创造条件和提供平台。学生针对某一主题在课堂上发表演讲，阐述自己的见解，不仅能够锻炼学生的口头表达能力，还能够提高学生的综合素质；既能够纠正学生的错误发音，又能够锻炼学生逻辑思维和自我展示能力。同时，其他学生也能认真倾听演讲，并就演讲内容提出问题，大家共同交流与讨论。学生在这种自由、热烈的课堂氛围中大胆阐述自己的观点，积极讨论，从而极大地提高自己的口语交际能力。教师在主题内容的选取方面必须多下功夫，精心设计，最好是时下贴近学生生活的热点问题。这样才能激发学生参与讨论的兴趣，提高他们学习的动力和在交流体验中激发他们的语言表达的潜能。

（三）英文读写

英文读写课是一门训练学生读写技能的课程。其目的是使学生通过大量的英语语篇的阅读，理解和掌握中等难度的一般性题材的英文资料或通用的实用性文字材料。同时，也能借助词典完成一般性题材和对外交往中的实用文体的撰写和翻译工作。在这门课程教学的过程中，教学方式和教学手段很重要。教师要勇于创新，不应拘泥于对语篇字、词、句的讲解，以及拼命地灌输给学生写作技巧和写作规范，而应该采用小组作业和研讨式的教学模式，激发学生的学习热情。

以阅读环节为例，教师可以将学生分为三人一组，让他们共同完成文章一个自然段的阅读理解任务。三人分工如下：第一个人首先朗读一个自然段，第二个人提出问题（可以是字词理解的问题，也可以是语篇内容的问题），第三个人回答问题。下一个自然段学生交换角色，第二个人朗读文章、第三个人提问、第一个人回答问题，以此类推。学生在朗诵、倾听、发问和回答的多次循环中，对文章的理解会逐步加深，进而完全掌握语篇的中心思想和文体结构。同理，这种小组作业的运作模式也会使背诵单词变得不那么枯燥、乏味。教师也可以将学生分为两人一个小组，一个人读单词，另外一个人说中文意思，下一轮次，角色互换。学生在这种你来我往的互动模式下，自主学习，积极探索，充分发挥了个人的自主性和创造性。

（四）跨文化教学

语言和文化是一个有机整体。大学英语的教学，除了要对大学生进行传统英语的教育外，还要让学生了解英语背后的文化。学生只有了解语言的文化内涵才能感受到语言的魅力，从而激发他们的学习热情。跨文化教学这门课程的开设，目的就是使学生通过学习英美国家的政治、经济和文化，培养自己的跨文化意识和克服跨文化障碍的能力，最终取得跨文化交际的成功。因此，大学英语的教学绝不应只停留在听、说、读、写等基本技能的培养上，而应以交际能力的培养为目标，不仅要传授语言知识，还要传播文化理念。改革开放的不断发展，要求国家面向世界，同时对对外交流人才的需求也会越来越大，这就要求大学英语教学重视跨文化教学。

三、创新课堂教学形式

中国的大学英语教学经过了十余年的改革和发展，早已跳出了单一的固有模式。新时代对英语教学提出了新要求，新时代的大学生对大学英语的教学方式也有了新期待。教师应该有能力根据学生的个体差异，设计出个性化的课堂，培养学生的自主学习能力，提高学生的创新思维。研讨式教学和浸入式教学是鼓励学生进行独立思考和自主探究的新型教学形式。它在鼓励学生充分发挥自己的优势和特长的同时，也力求为学生营造一种自由、平等的学习环境和生机勃勃的学习氛围。

（一）研讨式教学

研讨式教学是一种在系列问题的引导下，在大量阅读的基础上，在教师的主导下，以生生讨论和师生讨论为主要教学推进手段的教学模式。研讨式教学是教学范式的重大变化，即由过去的讲授式变为教授、讨论二元结构模式，它促使文科教学向学生自主型学习的方向发展。这种教学方式能促使学生花更多的时间在自主研究和参与活动、发现问题和解决问题上。研讨式教学的课堂不仅是知识传授的场所，还是师生互相交流启发、碰撞思想、解决问题的平台。教师授课不拘泥于一种或几种教材，学生的学习也不仅仅拘泥于课堂。学生在教师的引导下进行自主学习和积极探索，教师与学生、学生与学生形成了一个良性循环的交流圈。各种思想的火花在交流圈里碰撞，迸发出智慧的结晶。

（二）浸入式教学

浸入式教学是指让学生沉浸在第二语言中，深刻地感受上下文的语境，获得语言输入、语言习得的过程。这种浸入式的语言学习模式的关键就在于语言输入假设。该假设认为，人们习得某种语言的条件是理解高于自己能力的语言输入，而这种理解依靠的是上下文的语境。大量的目标语语境活动为学生提供了认知支架，促进了目标语的习得。教师可以充分利用校内校外各种资源积极地开展丰富的课外活动，以浸入式教学来促进学生的语言学习。例如，举办英语戏剧节、英语配音节、英语文化艺术展览等活动。学生在参与活动的过程中，进入了第二语言的真实环境，使视觉、听觉和触觉都受到了感官刺激。学生运用英文思维，配合丰富的肢体语言，用英语与伙伴交流，在实际的英语环境中使用语言，达到语言习得的目的。这些活动可以由学生会或者英语协会负责组织和实施。教师可以选择性地参与部分活动，并结合这些活动的主题，在课堂上设计丰富的教学任务以深化和拓展相关的知识和内容，帮助学生更好地理解和掌握语言。

以上就如何准确地将教学目标和学生需求进行匹配，如何科学、有效地优化课程设置，如何创新课堂教学形式，培养学生的自主性和创造性，做了一些分析。其目的是找到一条既能有效地开展大学英语教学，培养高素质的应用型人才，又能符合时代发展要求的最佳方案，从而探索出一条属于新时代大学英语教学的路径。

第二节　大学英语教学的特点及策略研究

大学英语教学的有效性需要任科教师根据教学的特点和目的，采用让学生尝试讲课、组织演讲辩论、背诵单词、组织游戏、穿插文化背景知识等方式，着力打造轻松、高效的大学英语教学课堂。

一、大学英语教学的特点

（一）教学目的的综合性

中学英语教学是打基础的阶段。由于面临中考和高考，这一阶段主要强调的是“双基培养”，即使学生掌握基本的语音、语法和词汇，以及培养学生基本的听、说、读、写技能。而大学英语则是在此基础上的全方位提高，重点培养学生的英语交际功能，即学生的听说能力。除此之外，大学英语教学还需要提升学生的自主学习能力，要求学生综合运用英语这门语言，提高自身的综合素质，使用这门工具与他人进行沟通，交流信息，实现英语学习的终极目标。

（二）教学方法的多样性

教学目的的不同必然导致教学方法的千差万别。大学英语教学强调学生运用语言的能力，在提高听说能力的前提下，读、写、译也一样都不落下。教师与学生角色互换，教师不再是课堂的中心，学生才是。除了向学生传授语言知识和技巧外，教师更重要的作用是引导，培养学生将语言作为交际工具的能力。

（三）教学过程的互动性

中学教学过程以教师讲解、辅导为主，学生听课，很少自学；大学英语教学中，教师主要起到引路人的作用，他们能激发学生的学习兴趣，调动学生在课堂上的参与积极性，以多种多样的课堂活动促使学生自学，并提高其自学能力。中学课堂是以语法讲解、词汇扩充为主，以达到应试的目的。大学课堂中语法、词汇早已不是重点，需要强调的是语篇教学，即在文章的内容中分析词句，分析人物性格，分析事件的来龙去脉，总结文章主题思想。语篇教学旨在提高学生运用语言进行交际的能力，注重听说训练，常采用情景、功能、交际、翻译等教学方法。

二、大学英语行之有效的教学方法

兴趣是最好的老师。大学英语教师的首要职责是激发学生学习英语的兴趣，让其自主、自愿地学习。因此，形式枯燥的“满堂灌”的教学方法必须彻底改革。近年来，教师都在不断地更新并改革自己的教学方法。可是究竟什么方法才是行之有效的呢？每位教师都结合自身情况和学生水平形成了自己独特的见解。下面笔者将结合自身一线教学的经历，谈一谈大学英语课程应如何设计才能使教师轻松，令学生满意，同时也能保证教学效果和学习效率。

（一）以让学生讲课的形式，使学生充分融入课堂

以往都是教师在讲台上苦口婆心地讲解，为什么不让学生尝试一下自己教课呢？这一方法完全改变了以教师为中心的“中学式”教法，凸显了学生在课堂中的主导地位。在每个学期刚开始时，教师可让学生自由组合，形成人数差不多的几个组（数量可根据具体教材的长短而定）。以上海外语教育出版社的《新目标综合教程》为例，本书共有八个单元，如果挑选每个单元 TEXT A 进行讲解，那么就将学生分为八个组，每个组负责讲一个单元。在开始讲的前几天教师应提醒学生做好准备，以免忘记。到开始讲某一单元时，该组的代表先上讲台来把他们组备课的准备呈现给所有同学。待学生讲课完毕后，教师再上讲台点评或是选择性地进行讲解。这种让学生来讲课的方法大大提高了学生对于课堂的参与度，让其充分地融入到课堂中，活跃了原本只有教师讲课的沉闷课堂气氛，同时学生在准备及授课的过程中，自身也得到了全方位综合的锻炼。学生自行授课将知识与能力、素质与策略、专业与广博的培养结合起来，树立了教师引导、学生践行的教学观念，加强师生互动、学生互动的教学模式。实践证明，这是一种有效的方法。

（二）组织演讲或辩论

不定期地在课堂上以组为单位举行主题英语演讲或辩论，也是提高学生参与度的好办法。学生可围绕一个主题，在网上查资料，在上课时演讲或者辩论。与以往等待教师灌输知识不同，这种方式提升了学生的自学能力，加强了其学习的主动性。另外，学生有满足自己和人交流与协作甚至影响他人等的需求，集体合作是满足学生基本需求的必要途径。演讲或辩论主题应在上课前一星期给出，以便使每个组的同学都能够有充分的时间做好准备。不建议在课上临时布置题目，基于两个原因：一是大部分同学英语基础薄弱，

在短短的课堂时间内无法准备出高质量的演讲；二是大学英语课时十分有限，课堂时间宝贵。如果是演讲，那么就由一个组的同学共同找资料、写文章，最后选出代表在上课时进行演讲。教师根据每个组的表现进行打分，并将其计入平时成绩。如果是辩论，同样由组员自行决定立场，然后在课堂上进行组与组之间的比赛。辩论结束后由其他组的成员投票决定谁胜谁负。教师应对胜方给予表扬，对负方给予鼓励，并强调重在参与，胜败乃兵家常事的道理。集体合作学习在尊重学生个人，培养学生交往能力、协作能力和解决问题能力的同时，也刺激了其内在学习动机。这一方法奠定了学生在教学过程中的主体地位，有助于创新型人才的培养。

（三）背单词游戏

不仅是英语教师，只要学过英语的人都清楚，扩大单词量对提升语言水平的重要性。英语学习就像盖房子一样，语法知识是大梁，英语单词则是一砖一瓦。想要盖牢固的房子，两者缺一不可。学生偏爱通过活动的方式来进行学习，但现实教学中的活动太少，授课方式单一，并不能较好地调动学生的英语学习积极性。为了提高学生对单词的熟练度，也为了督促其花工夫背单词，可以在课堂上进行背单词游戏。通常在这个环节学生以组为单位来进行游戏，教师说中文意思，学生站起来说它的英文释义。最快站起来说出意思并答对的就给他所在的组加一分。一轮结束后，可视情况判断是否继续。游戏结束后，每组最后的分数决定谁赢谁输。这个游戏在整堂课上能起到关键作用，既调节了课堂气氛，又激发了学生的学习兴趣。教师也无须枯燥、无味地照本宣科，苦口婆心地讲解。教师提升了自己的组织能力，在轻松、愉快的氛围下完成了教学任务，何乐而不为。

（四）穿插文化背景知识

有趣的活动是学生学习动力的来源。教师在选择活动时，要尽量以新颖的活动为主，并频繁变换活动方式，以保持学生长久的兴趣。然而，在选择教学活动时，必须考量活动内容是否能承载教学内容，能否为教学目标服务，不能“因活动而活动”。

在文章中出现代表西方传统习俗的词汇时，教师可适当地展开讲解，介绍该习俗的起源，分享相关的故事。这样一来，生动的故事就吸引了学生的注意力，同时也扩展了他们的知识面，这的确是一种值得借鉴的办法。例如，在新目标大学英语教程第一册 UNIT 2 的课文中，出现了 Thanksgiving Day（感恩节）这个词，教师就可讲述旨在感恩他人帮助的故事。作为英语语言的学习者，让学生了解文化背景十分重要。类似故事的讲述既吸引了学生的注意力，又为其将来的跨文化交际打下了基础，不失为一种有效的教学方式。

大学英语课堂应是轻松、活泼、能够充分调动学生积极性的课堂，教师也应在健康、乐观、有活力的状态下完成教学任务。通过中学英语教学与大学英语教学的对比，大学教师将更清楚自身教学任务的侧重点，更好地向着大学英语教学目标而努力。学生讲课、演讲辩论、背单词游戏、穿插文化背景知识等仅仅是众多教学方法中的冰山一角，要达到提高课堂质量，激发学生兴趣这一教学效果还有很多方法值得探索。打造真正轻松、高效的大学英语课堂，道路还很长，我们仍需努力。

第三节 合作原则对大学英语教学的启示

格莱斯提出的合作原则是语用学研究中的重要理论。格莱斯将合作原则具体细化为四条准则，即数量准则、质量准则、关系准则和方式准则。格莱斯认为，人们在交流时，总是会下意识地遵循合作原则。而一旦违反合作原则，就会产生特殊的会话含义。在大学英语教学中，如果引入合作原则，并向学生介绍会话含义的产生机制，将有助于提升大学生的英语学习效果，提高大学英语教学质量。

一、合作原则

格莱斯于20世纪60年代在哈佛大学做了三次演讲。在演讲中，他提出了著名的“合作原则”和“会话含义”理论。格莱斯认为，日常的会话交际能够正常进行，会话双方一定遵循着某种规则。或者说，为了使会话交际正常进行，会话双方一定是朝着某个共同目标而努力的。经过长时间的思考，格莱斯决定把这种大家都默契遵守的原则称为合作原则（Cooperative Principle，简称CP）。著名哲学家康德在其“范畴表”中曾经列出“数量”“质量”“关系”“模态”四个范畴。这一做法给了格莱斯很大的启示。在此基础上，他又把合作原则细分为四个准则，即数量准则、质量准则、关系准则和方式准则。

（1）数量准则（The Maxim of Quantity）：会话人所说的话能够满足交际所需要的信息量。

①所说的话应该满足当前交流所需要的信息量；

②所说的话不应该包括超出交流所需要的信息量。

（2）质量准则（The Maxim of Quality）：会话人提供的信息必须是真实的。

①不能说自认为是虚假的话语；

②不能说缺乏证据支持的话语。

（3）关系准则（The Maxim of Relation）：所说的话和谈论的主题是相关的。

（4）方式准则（The Maxim of Manner）：会话人必须清楚地说出自己的话语。

①不能含糊不清；

②不能产生歧义；

③必须简短，不能冗长；

④保持有序。

二、会话含义的产生

格莱斯认为，在正常的言语交流中，对话双方总是有意或者无意地遵循合作原则，使交际能够正常地进行下去。在某些情况下，为了某种交际需求，会话人会公开违背合作原则中的一个或几个准则，从而间接地表达出自己的真实意图。格莱斯将这种由听话人推导出来的间接意义称为“会话含义”（conversational implicature）。

（一）由于违反数量准则而产生的会话含义

在某种交际场合中，会话人为了含蓄地表达某种特殊意思，会有意地少提供交际所需的信息。例如，A 向 B 询问 C 大学期间的学习成绩时，B 知道 C 的学习成绩不太理想，但是又不好当面拒绝回答 A 的问题，只好说了以下的言语：“He has made a lot of incredible friends here, impressed every teacher with his beautiful voice and volunteered to help the poor children in some remote places.”很显然，B 故意违反了合作原则中的数量准则，没有提供交际包含的全部信息。B 对 C 的学习成绩只字未提，反而一直强调他人际关系很好，交了很多朋友，声音优美，还自愿帮助偏远地区的贫困儿童。A 知道，B 故意违背数量准则，一定有其特殊动机，即 C 的学习成绩很不理想，但又不能直接表述出来。

（二）由于违反质量准则而产生的会话含义

在某些交际情况下，会话人会故意违反质量准则，间接地表达出自己的真实意图。例如，A 向 B 询问 Sally 是个什么样的人时，B 的回答是：“She has a heart of gold.”根据语义学中的真实条件理论，这句话的真实条件肯定为假。因为有常识的人都知道，人的心脏不可能是金子做成的。从语用学角度来看，这句话是有意义的。说话人通过故意违反质量准则向听话人传递了一种隐含的信息，即 Sally 是一个心地善良、非常友好的人。

（三）由于违反关系准则而产生的会话含义

根据合作原则，人们在语言交际时，必须提供与话题相关的信息，否则会出现所答非所问的情况。在某些交际情况下，会话人会故意违反关系准则，从而传递某种特殊含义。例如，A 和 B 聊天时，A 突然问 B 的婚姻状况如何。这时候，B 是这样回答的："I enjoy NBA games a lot and watch them every day." B 的回答显然是和 A 的提问无关的。通过 B 的回答，A 可以推断出他的言外之意。B 认为一个人的婚姻状况是个人隐私，不愿意回答该问题。为了表达出该意图，他故意说了一个与该话题没有任何关系的回答。

（四）由于违反方式准则而产生的会话含义

根据合作原则中的方式准则，会话人在交际时，应该尽量表达清楚，避免使用模糊和晦涩的言语，从而避免歧义的产生。现实交际中，会话人会通过故意违反方式准则的方式，来实现自己的某种特定的交际意图。例如，A 和 B 两个人都是中国人，在用汉语聊天。当 A 问 B 小马的人际关系如何时，B 回答道："Let's talk about that in English." B 没有用母语直接回答 A 的问题，反而用了英语这种非母语语言，这显然违背了方式准则。他这样做的目的，无非就是不让旁边的人听到他们之间的谈论，以免造成不必要的麻烦。

三、合作原则在大学英语教学中的应用

合作原则可以应用在大学英语教学实践之中。引入会话含义这一概念，可以使学生深刻地理解会话人的深层含义，从而使学生的语言能力和语用能力得到有效的提升。下面就从几个方面进行陈述：

（一）合作原则在听力教学中的应用

听力试题在各种英语考试中所占的比重很大。例如，在大学英语四级考

试中，听力的比重就占到了 35%。在日常的课堂教学中，授课教师应有意识地引导学生运用合作原则来理解会话人的真正意图。教师可以简单地向学生介绍一下合作原则，并从四个准则的角度来为学生提供一些相关的例句。例如：

A：I had a quarrel with my roommate. Every night she stays up very late. I can't fall asleep when she is around making noises in the room.

B：I'm so sorry to hear that. Like you, I'm an early bird, too. It's hard to share a room with a night owl.

Q：What does the second speaker mean?

在这段听力材料中，B 并没有直接表明他对 A 室友的态度，通过说自己与 A 有着相同的生活习惯，间接地对 A 室友的做法进行了批评。由于 A 和室友有着不同的作息习惯，因此，很难和这样的室友相处。

除了短对话，合作原则在长对话和篇章材料中同样可以进行有效应用。

（二）合作原则在口语教学中的应用

在介绍完合作原则之后，教师可以引导学生逐步增强自己的语用意识，让他们在不同的场合中，对不同的会话人采用不同的说话方式来达到顺利交流的目的。此外，针对不同的语境，教师可以和学生一起探讨，在各种语境下可以采用何种语用策略来进行会话。例如，在下面的语境下：

One of your classmates always comments on other people negatively, which embarrasses you a lot. One day, during a classroom discussion, he begins to comment on another classmate negatively. What could you do to solve this problem?

授课教师可以将学生分为不同的讨论小组，让学生讨论：运用什么样的谈话策略来说服自己的同学，使他不再对别人有负面评价。既要做到委婉地提醒同学，同时也不影响与同学之间的人际关系。

等学生小组讨论结束之后，可以每个组找 1 ~ 2 位同学进行发言，和其他组进行信息共享。通过这样的讨论和分析，可以有效地提升学生的语用能力，将合作原则应用到教学实践之中。

（三）合作原则在写作教学中的应用

在很多英语测试中，写作题目都有一定的字数限制。这就要求考生必须充分遵循合作原则的四准则，在数量、质量、关系及方式几个方面下足功夫。既要保证写作内容全面，论点充足，又要避免赘述，表达力不足。

此外，合作原则在阅读和翻译方面也可以得到有效的应用。由于篇幅关系，本节就不再一一展开论述。

格莱斯的合作原则是语用学的一个重要理论。人们在交际时，总是潜意识地遵循合作原则及其相关准则。通过故意违背其中的一个或几个准则，产生新的会话含意。大学英语教学过程中，授课教师可以给学生简单地讲授合作原则及其四准则，使学生意识到会话含义的产生机制，并在语言学习过程中有意识地应用该理论。

第四节　有机教育与大学英语教学

有机教育作为后现代哲学的产物，为大学英语教学改革提供了新的视角。有机教育倡导教育要素之间的纵向、横向联系和知识学习和个人发展的有机联系，对大学英语教学改革起到了一定的启示作用。在教学案例呈现的有机教育思想的指导下，大学英语教学对学生知识学习及个人发展起到了促进作用。

大学英语教学一直走在教学改革前列，40 多年来大学英语在提升学生英语语言技能方面取得了可喜的成绩，但同时也面临着很多质疑。大学生为什么要学英语呢？大学英语的教学目标是什么？学习者的需求是什么？面对这些质疑，外语界一直在不断地探讨解决途径和改革方向。

一、过程哲学与有机教育

怀特海在 1929 年出版了两本十分重要的论著《过程与实在》和《教育的目的》，开启了哲学和教育学的新时代。第一本书批判了各种实体论，提出了过程论。实体论长期占据着主导地位，认为宇宙万物由实体构成，包括物质实体和精神实体。过程论则避开了对二者的绝对区分，认为所有实体都是处于一定的有机关系和发展过程中的，“宇宙有动态性、流变性和过程性，应在动态性宇宙和动态性人类之间建立创新和和谐”。而《教育的目的》一书则认为，教育的目的不仅是传授知识，还要强调教育要素的有机联系，开启学生的智慧，使其认知自身的责任。麦克·丹尼尔认为，有机教育的教育目标是激发学生的好奇心，发展学生的潜在创造力，培养出有责任、有热情、尊重他者和自然的学生。中国学者王治河和樊美筠基于怀特海的哲学和教育思想提出了有机教育，认为教育应该整合各种要素，批判了教育中的碎片化现象，倡导在教育中实行有机教育的方针。这也适用于大学英语教学，避免大学英语教学沦为高四、高五英语学习，避免教学内容低层次的重复。大学英语教学设计中，应该让学生学到的知识不是一些碎片，而是使教学内容无论在语言还是内容上都整合为一定的知识整体。在教学内容的设计中，应该考虑结合单元文章，梳理出一个系统性的知识板块，将它和其他学科、其他领域的知识结合，使课程讲授不再是语言技能的训练，也不再是翻译的训练，使大学英语课程能够实现新的教学目标，使学生进一步提升学术英语或职业英语的交流能力和跨文化能力，使学生不仅能够进行日常的交流会话，还能够在不同领域对某一话题进行深度的探讨，使大学英语教学以英语语言技能为工具，建立和各个领域的新的连接点，促进知识和个人的全面发展。

二、有机教育和大学英语教学

有机教育要求教师具备“系统归纳、触类旁通的综合能力，在讲授某一知识点时，有必要将其前因后果、相关联系交代清楚”，这样才可以有效地避免碎片化教学。大学英语教材通常是以围绕的某个话题篇章为主线进行单元设计，以全新版《大学英语综合教程》第四册第一单元为例，这一单元主题为自然力量对战争产生的影响，阅读文章选取拿破仑和第二次世界大战（以下简称“二战”）中的两次极具影响力的战役来说明自然力量的强大。学生通过阅读该篇章，能够体会到自然的伟大力量。但是若教师能够通过实践“系统归纳、触类旁通”的有机教育精神，可以以该篇章为火花，点燃一片火海，使学生的视角触及到更广阔的领域，建立更多的知识联系。如教师可以建立起“二战”的地图，引领学生回顾“二战”历史，了解“二战”更多的著名战役、社会民情。也可以以文章为起点，触发学生对“二战”的回顾，强调“二战”的影响，使学生碎片化的知识连接为一个整体，对战争有更全面的认识，植树成林，从中获得启发。

三、教学案例

有机教育强调教师和学生的共同合作。如教师需要在课前认真梳理“二战”的过程，搜索与“二战”有关的视频或文章，使学生了解“二战”的全貌，并在此基础上形成自己的认识。教师可以梳理出以下问题：（1）“二战”之前的社会、经济、政治情况；（2）“二战”的起因；（3）“二战”的参战国及各国在战争中的表现；（4）“二战”的经过；（5）“二战”的著名战役；（6）“二战”期间的社会、政治、经济、人民生活情况；（7）“二战”时期人民对战争的态度；（8）“二战”的结果；（9）“二战”对参战国及其人民的影响；（10）“二战”后人们对战争的评价。

教师若在备课过程中没有厘清“二战”的全貌，只是把文章翻译一通，让学生背诵单元词汇，学生会觉得该文章枯燥、无趣，也就不可能激发他们的好奇心，发展其创造力。但是如果教师梳理出有关“二战”的问题，就可以让学生了解“二战”的全貌，并在此基础上产生自己的想法。教师既可以自己准备回答以上问题的全部资料并进行课堂讲授，又可以列出这些问题让学生在课前找到相关内容并进行课堂介绍。另外，教师也可以鼓励学生找出其他和“二战”相关的议题，以小组为单位，查找相关资料，准备好视频或文字材料，在课堂上进行交流或讨论。由于课时限制，笔者采取了第二种办法，提供给学生以上十个问题，让学生组成若干小组并选取其中的两个议题进行资料收集，组织材料，在课堂上进行介绍。

每个小组选取话题后，都对该话题进行了资料搜集和整理，准备了课堂讨论的资料。由于课后时间较充裕，题目内容较集中，所以每个小组的话题论述内容都比较充分，部分讨论比较深刻。研究“二战”之前的社会、经济、政治情况和“二战”起因的小组梳理了“二战”的起因，认为“二战”是由经济危机、法西斯独裁、“一战”影响、绥靖政策等各种因素导致的。该小组做完课堂发言后，有学生提出了各个原因是否有联系的问题，大家对此进行了一番讨论。有学生提出正是由于“一战”的影响，才让英法各国采取了绥靖政策，以致让法西斯壮大了军事力量。通过对基本事实的梳理，大家还能发现各个原因之间的联系，这就实现了有机教育启发学生智慧的目标。完成小组讨论之后，大家对“二战”的轮廓有了清晰、完整的了解。教师经过精心准备，以课文中的一场战役为切入点，引导学生纵观“二战”全局，使学生见树又见林，有效地消解了学生对“二战”碎片化的认识。在小组对所选题目进行陈述时，要求其他小组以表格的形式记录“二战”的各个要素，既可以使学生厘清“二战”的发展历程，又有利于他们看到各个因素之间的相互联系。

作为后现代哲学的产物，有机教育完全适用于大学英语教学。有机教育倡导教育要素的有机联系，以开启学生智慧、服务社会为目的的教育思想都能通过教师的精心设计在教学中落实，切实促进教学方式的进步。

第三章　信息化背景下英语教学模式改革

第一节　信息化教学模式的理论基础

建构主义学习理论认为，学习是学习者通过一定的情境（即社会文化背景），借助其他人（教师或学习伙伴）的帮助，利用必要的学习资源，通过协作会话的方式，主动建构知识意义的过程。在这个过程中，学习者是学习活动的主体，教师是学习者学习的帮助者、促进者和引导者。在教学设计中，建构主义学习理论的指导主要体现在以下几个方面。

（一）情境创设

建构主义学习理论强调为学习者的学习提供真实的情境。其原因一方面能够激发学习者的学习动机，使学习者产生学习需求，驱动学习者主动学习、积极探究；另一方面能够增强知识运用的情境性，有助于学习者完成知识的意义建构，实现知识的有效迁移。在教学设计程序的开发中，利用多媒体图、文、声、像并茂的优势，根据学习内容，将各种媒体资源有机整合，创设多媒体的直观情境，激发学生的学习兴趣。我们可以利用学生的好奇心和问题的导向功能，巧妙地设置引人注意和思考的问题，调动学生探究发现的积极性，引导他们主动寻求解决问题的方法。我们可以利用虚拟现实仿真技术，创设接近真实的在线实验情境，让学生在虚拟的实验情境中，完成实验操作和数据分析，培养学生科学严谨的态度和能力。

（二）学生作为认知主体的体现

建构主义学习理论认为学生不是知识的被动接受者，不是被灌输的对象，而是信息加工的主体，在学习过程中发挥着认知主体的作用。在教学设计程序的开发中，不能仅仅注重知识内容的呈现，更重要的是强调学生在进行学习的过程中认知主体的体现。教学程序既要为学习者开辟自主学习的空间，又要为学习者之间的协作交流创造条件。

（1）自主学习的设计。在教学程序中，根据学习内容的特点，设计多种自主学习策略，提供各种符合学科特点的认知工具，引导学习者自主完成知识的意义建构。设计层次分明、难度适宜的测试题，供学习者在学习的过程中进行自我考核和评价，并根据学习者的作答情况及时给出有效反馈和建议。

（2）协作学习的设计。协作学习不仅能够提高学生创新思维和发散思维能力，而且有利于培养学生人际交往的能力和团队精神。适当的协作学习任务（问题）和便利的通信工具是实现在线协作的前提。在教学程序的开发中，根据学习内容，设置学习者感兴趣的问题，激发学习者的协作动机，促使学习者积极参与讨论；提供各种协作工具（电子公告板、聊天室、电子邮件和协作学习平台等），便于学习者以问题讨论的形式进行在线的交流和协商。

（三）教师作为主导作用的体现

建构主义学习理论强调在教学过程中教师主导作用的发挥。教师不再是知识的传授者和灌输者，而是学生进行意义建构的帮助者和促进者。在教学程序的开发中，我们可以从以下三种途径实现教师的主导作用。

（1）设计教学策略帮助学习者实现知识的意义建构。一门课程要引起学生的兴趣，促使学生积极投入，除了课程内容本身的丰富精彩，更重要的是教师要灵活而巧妙地设置各种不同的激励策略和教学策略。从多种角度激发学习者的学习动机，为学习者提供个性化的学习指导，从而更好地发挥学习者主人翁的精神，自主完成知识的意义建构。在教学程序中，教师可以在每个章节内容的学习之前，针对本章节的具体学习内容，设计情感激励、问题诱导、任务驱动等动机激发策略，提供可行的学习建议和指导，帮助学习者进行学习导读；教师还可以针对每个章节内容的重难点，设计“支架式策略”“抛锚式策略”“随机进入式策略”等自主学习策略，提供大量多媒体资源和其他网络资源，引导学习者更好地理解掌握学习内容。

（2）引导和监控学习过程。为了保证学习的顺利进行，教师的适时引导是必不可少的。在教学中，学生的自主学习和协作学习都离不开教师的引导。教师可以借助人工智能技术，设计专家系统或者伙伴助手，对学习者进行在线的个性化学习指导。还可以开辟教师的答疑空间，学生在完成单元内容或课程内容的学习以后，如果遇到困惑，或者是难以解决的问题，可以通过电子邮件的形式向教师发送请求，实现异步交流。同时，也可以通过论坛的形式在线咨询，实现同步交互。

（3）设计学习评价。在教学中，教师根据课程教学目标的要求，设计大量不同类型和层次的测试题，学习者可以在线进行自我测试，并依据反馈信息检验自己的学习是否达到学习要求；教师还可以设置综合性强，且与课程内容相关的实际问题或任务，让学习者通过设计问题解决方案、创作作品、设计实验操作等实践活动，检验学生综合运用知识的能力。

第二节　信息化教学与传统教学模式的差异

信息化教学与传统教学没有本质的区别，它也是教师的教和学生的学的双向共同活动。但是信息技术的出现和多媒体在教学中的应用，使得信息化教学在教学手段、教学资源、教学环境以及教学模式等方面有了新的特点，并与传统教学相比有了很大的差异性。

一、教学手段的差异性

从广义上来讲，教学手段就是为了实现预期的教学目的，教师和学生用来进行教学活动，作用于对象的信息的、精神的、物质的形态和力量的总和。在这里，教学手段主要表现为某种具体的教学媒体。传统的教学媒体主要有黑板、教科书、标本、模型、图表等，因此，传统的教学手段是指教师针对教学内容，运用简单的媒体，单向传播教学信息的方式。信息化教学手段主要是随着多媒体技术在教学中的应用，教师将原来以教材形式存在的各种文字、图像、数据、表格转化为数字化的教学资源，利用多媒体呈现的方式进行教学；同时，多媒体资源也能够快速方便地通过网络进行传递、共享，提高教学效率。传统教学手段与信息化教学手段的差异见表 3-1。

表3-1 传统教学手段与信息化教学手段差异比较

项目	传统教学手段	信息化教学手段
表现形式	单一化	多样化
媒体特征	传统媒体	多媒体
讲授方式	灌输式讲授	交互式指导
信息传递	单向传递	双向、多向传递

传统教学形式单一，主要是以课堂教学为主，教师传授知识、学生接受知识是主要的教学活动。信息化教学的形式多样化，在各种类型的教学环境中开展多样化的教学，如自主学习、协作学习、探究学习等。传统教学主要借助单一化的媒体开展教学活动，教学媒体承载教学信息的水平比较低，传递教学信息的功能比较简单、机械。信息化教学手段具有丰富的教学功能，通过大屏幕投影清晰地传授知识，通过网络开展小组讨论、师生答疑、作业提交、网上学习和测试等，加强了师生之间的交流，培养了学生的自主学习能力。信息化教学能够提高学习效果，信息化手段集声音、图像、文字等多

种信息于一体，极大程度地满足了学生视听等感官需求，有效激发了学生的学习兴趣。传统教学大多数采用灌输式讲授，教学信息是从教师到学生的单向传递，没有考虑到每个学生的不同特点，不能做到“因材施教”，从而使教学枯燥乏味，不利于学生认知能力的发展。信息化教学采用的讲授方式是交互式指导，教师与学生之间互动交流，教学信息可以双向或多向传递，既可以从教师到学生，也可以从学生到教师，从而使师生之间形成平等的地位，有利于教学活动的有效实施。

同时，信息化教学具有直观性，它可使形、声、色浑然一体，把一些传统教学手段无法表现的复杂的过程、一些不易观察和捕捉的现象、一些无法现场呈现的场景，都真实、鲜活地呈现在课堂上，创设生动、形象、具有强烈感染力的情境，调动学生学习的积极性，使学生更好地掌握知识，从而提高教学效果。它具有传统教学手段所没有的趣味性、直观性，可以充分调动师生的积极性、主动性和创造性，突破教学的重难点，从而更加容易达到教学目的，使学生在愉快、轻松的环境中吸收知识。

尽管传统教学手段和信息化教学手段有一定的差别，但是它们都有各自的优点。在教学过程中，它们是相互补充、取长补短的关系。我们应当将传统教学手段与信息化教学手段结合起来，实现优势互补，才能最大限度地提高教学质量。

二、教学资源的差异性

教学资源是支持整个教学过程达到一定教学目的，实现一定教学功能的各种资源总和，是教学系统中的一切物化资源和非物化资源，主要包括教学资料、支持系统、教学环境等。传统教学资源与信息化教学资源的差异见表3-2。

表3-2　传统教学资源与信息化教学资源的差异

项目	传统教学资源	信息化教学资源
教学材料	书本、教科书、挂图、教学器具、课件、教学电视等	数字化素材、教学软件、补充材料等
支持系统	教师和同伴对学习者的指导与帮助	现代媒体和学习工具对教与学过程的参与，网络信息对学习内容的补充
教学环境	以教室为主，以课堂教学为主要教学形式	以信息技术的应用为特征，多样化的教学环境和教学形式

教学材料蕴含了大量的教育信息，是能创造出一定教育价值的各类信息资源的总和。传统教学材料包括书本、教科书、挂图、教学器具、课件、教学电视等。信息化教学材料指的是以数字形态存在的教学材料，包括学生和教师在学习与教学过程中所需要的各种数字化素材、教学软件、补充材料等，具体形式有：文本、图形/图像、音频、视频等素材类教学资源，虚拟实验室、教育游戏类、电子期刊类、教学模拟类、教育专题网站等集成型教学资源以及网络课程。

支持系统主要指支持教师有效开展教学活动以及学习者有效学习的内外部条件，包括学习能量的支持、设备的支持、信息的支持、人员的支持等。传统的支持系统主要是指教师和同伴对学习者学习的指导与帮助，以及工具书对学习者学习的帮助等。信息化教学资源的支持系统主要指现代媒体和学习工具对教与学过程的参与，以及海量的网络信息对学生学习内容的补充等。

教学环境不只是指教学过程发生的地点，更重要的是指学习者与教学材料、支持系统之间在进行交流的过程中所形成的学习氛围。传统的教学环境以教室为主，以课堂教学作为主要的教学形式。信息化教学环境以信息技术的应用为特征，包括校园网、多媒体教室、电子网络教室、电子阅览室、语音实验室、网络教学平台等，教师可以利用多样化的教学环境开展课堂教学，组织学生协作学习、探究学习，指导学生自主学习。

三、教学模式的差异性

教学模式是依据教学思想和教学规律而形成的比较稳固的教学程序及其方法的策略体系。它包括教学过程中诸多要素的组合方式、教学程序及其相应的策略等。传统教学模式与信息化教学模式的差异见表 3-3。

表3-3 传统教学模式和信息化教学模式的差异

项目	传统教学模式	信息化教学模式
教师的地位	知识的灌输者	学习的指导者、帮助者
学生的地位	被动接受知识	主动构建知识
媒体的作用	教师向学生传授知识的工具	教师教的工具、学生学的工具以及交互工具
教学内容的主要来源	课本、教材	课本、教材、网络资源等

在传统教学模式中教师是知识的主动授予者，学生是被动接受的对象，媒体是辅助教师向学生传授知识的工具，作为认知主体的学生在整个教学过程中处于被动的地位，扼杀了学生的主动精神和创新能力的培养和发挥。这种模式的优点是有利于教师主导作用的发挥，有利于教师对课堂教学的组织、管理与控制；但它存在一个很大的缺陷，就是忽略了学生的主动性、创造性，不能很好地体现学生的认知主体作用。不难想象，作为认知主体的学生如果在整个教学过程中处于比较被动的地位，肯定难以达到理想的教学效果，也就更难以培养出创造型人才。

随着现代信息技术在教育领域的应用，特别是网络教学的广泛应用，师生都处于一个信息来源极为丰富和多样的环境中，两者获得信息的机会几乎是均等的。教师不再以信息的传播者或组织良好知识体系的呈现者出现，而应由原来处于中心地位的知识权威转变为学生学习的指导者和合作伙伴。学生的学习不应该是被动接受信息刺激的过程，而是主动构建知识意义的过程。这需要学习者根据自己的知识背景，对外部进行主动选择、加工和处理，从而获得知识的意义。因此，信息化教学模式是根据现代教学环境中信息的传递方式和学生对知识信息加工的心理过程，充分利用现代教育技术手段（主要指多媒体计算机、教学网络、校园网和互联网）的支持，调动尽可能多的教学媒体、信息资源，构建一个良好的学习环境，在教师的组织和指导下，充分发挥学生的主动性、积极性、创造性，使学生能够真正成为知识信息的主动建构者，从而达到良好的教学效果。在这种模式下，教师成为课堂教学的组织者、指导者，学生建构意义的帮助者、促进者，而不再是知识的灌输者和课堂的主宰者。

总之，知识不能通过教师简单地传递给学生，而是需要学生自己与学习环境进行交互从而完成知识建构，这种建构无法由他人替代。教学不是知识的传递而是对知识的处理和转换，教学由向学生传递知识转变为发展学生的能力、培养学生的主体意识、主体性、个性、创造性和实践能力，在教学过程中应关注动机的激发和维持以及提供学生自主学习的工具性支持。

第三节　教育信息化背景下大学英语信息技术整合的教学模式创新

信息技术的迅猛发展为英语教学提供了有力的支持，多媒体技术在英语课堂上得到了广泛的使用。结合英语教学的特点本节主要探讨了大量使用信息技术环境下，英语的实际教学活动中添加信息技术元素所带来的影响和作用。

一、信息技术与课程整合的理论与方法

（一）信息技术与课程整合的目标与内涵

1. 信息技术教育应用的发展

世界上第一个计算机辅助教学系统于1950年研发成功，它的发展历程

可归结为三大阶段。

第一阶段就是1960年至1980年的“计算机辅助教学阶段”（CAI）。这一时期内运用到的就是计算机惊人且准确的运算速率以及图形图画的动态性等，侧重于处理教学活动中遇到的不容易理解或者比较重要的内容。并且这一阶段内的课件一般都是简单的演示。计算机教育在这一时期被提及，但是信息技术教育的理念还未被提及。

第二阶段就是1980年至1990年的“计算机辅助学习阶段”（CAL）。这一时期发生了很大的变化，计算机不再是单一地为老师教学提供帮助，还可以方便学生的学习，强化了计算机为学生的日常学习所起到的积极的影响和作用。借助计算机，学生可以实现学习资料的快速查找，重点学习内容的强化、不易理解的知识点的深层次学习，自我检测等。并且，信息技术教育理念在这一时期也被提出，与计算机教育并存。但是，因为我国的信息技术教育起步晚于发达国家，所以，目前绝大多数高校的信息技术教育应用模式仍然主要是CAI阶段，即计算机辅助教学阶段。

第三阶段就是从1990年中期开始的“信息技术与课程整合阶段”（ITC）。这一时期内，教学方式发生了根本性的转变，信息技术在教学活动中大范围地使用和推广，计算机教育理念的地位也日益减弱，信息技术教育提上日程。信息技术与课程的有机结合，是当今全世界范围内教育行业都十分关注的课题。

2. 信息技术与课程整合的目标

信息技术与课程的整合并不是单一的侧重于在教学活动中给老师和学生所带来的影响和作用，更多的是注重借助信息技术来实现教学环境的革新和改变，支持场景创建，信息、资源的有效获取、多重互动，自我探索，协作学习，以及教学方法和学习方法等，即实现一个不仅能发挥教师主体作用而且能充分反映学生身份，巩固学生地位的注重自主学习、自主探索、相互协作的教学方式。这样的方式和教学环境不但可以激发学生的学习热情，提高学习动机，而且还改变了原有只注重老师的教学模式。教学模式是否进行了改革和创新最显著的表现就是老师和学生在教学中地位的变化，巩固学生的主体性地位，有效地提升学生的创新性和实践性，是素质教育的主要任务。

21世纪的人才最应该具备的两个精神就是创新和合作，在美国、加拿大、瑞士等一些发达国家都是借助信息技术与课程整合来实现对人才的培养。他们认为信息技术和课程整合就是最为直接且有效的手段，也一直将21世纪人才所应具备的素质和要求视作信息技术和课程整合的方向。这不但是我国素质教育奋斗的方向，同时也是世界各国教育革新的追求。

3. 信息技术与课程整合的内涵

通过以上对“信息技术与课程整合目标”的分析，不难发现，我们对整合目标的确定始于对信息技术的本质和功能以及课程整合的分析，并在掌握了信息技术与课程整合的本质特征的基础上推出其目标。因此，通过一些细化和处理，完全可以从上述整合目标的分析过程中推导出信息技术和课程整合的定义或内涵。

信息技术与课程整合就是借助信息技术来实现教学环境的革新和改变，即实现一个不仅能发挥教师主体作用而且能充分反映学生身份，巩固学生地位的注重自主学习、自主探索、相互协作的教学方式。这样的方式和教学环境不但可以激发学生的学习热情，提高学习动机，还改变了原有只注重老师的教学模式，从根本上对学生进行创新和实践的培养。

这一概念理解起来很简单，主要有三大主要内容：（1）对教学环境进行改变和革新；（2）创造一种全新的、符合素质教育目标的教学模式；（3）对原有的、守旧的教学模式进行创新。也就是说，要打破过去单一的“注重老师的教”的教学方式，创建一种全新的“教”与“学”结合且与素质教育相迎合的教学方式。其实，我们很容易看出，“整合”最终还是归结于教学模式的改变，是对过去单一地注重老师的主体地位的冲击，倡导既要巩固老师的主导性作用又要注重学生的主体地位，实现“主导—主体相结合”教学模式。

“环境”的含义非常宽泛，教学活动主体外的全部人力因素和非人力因素都可以归结为教学环境的范围。因此，上述定义就信息技术在教育领域的应用而言，和把计算机为核心的信息技术仅仅看成工具、手段的 CAI 或 CAL 相比，显然要广泛得多、深刻得多，其实际意义也要重大得多。CAI 不等同于信息技术与课程整合，CAI 侧重于革新教学手段和方法，在学习模式以及教学模式方面并没有进行改变和创新。课程整合中会借助 CAI 课件来达到提高学生学习主动性的目的，因此，两者并不是不能融合的关系。CAI 是课程整合中使用的一个简单的工具，所以，基于此，CAI 是课程整合的一小部分，一个单一的环节。但是传统的老师授课借助计算机教学的时候，CAI 是作为侧重于处理教学活动中遇到的不容易理解或者比较重要的内容的教学用具，这种模式下，信息技术应用于教学的全部内容就是 CAI。可见，这两种教学情景下 CAI 课件的运用，其应用方式和本质是有极大差别的。

综观世界范围内的教育发展态势，基本上都已经步入信息技术与课程整合阶段。这一阶段，信息技术与课程的整合并不是单一地侧重于在教学活动中给老师和学生所带来的影响和作用，更多的是注重借助信息技术来实现教学环境的革新和改变，以注重对学生创新能力和实践能力的培养为奋斗方向。

（二）信息技术与课程整合的途径与方法

信息技术与课程整合对我国当前教育深化改革具有重要意义。就高等教育而言，我国教育信息化的硬件设施有了很大的发展，高校的校园网络建设基本上已经在全国范围内普及。虽然教育信息化硬件设施有了大幅增长，但是大部分未能充分发挥作用。相关领域的专家通过具体的调研而得出的结论是：在我国的各大高校内，九成以上的校园网络都是为信息、资料的查找而服务，剩余一成主要应用于学校的办公、电子图书馆等行政管理方面。如何运用信息技术环境（尤其是网络环境）来革新传统的教学方式，对当前教育情况进行改革，形成一种全新的“主导—主体相结合”的教学模式是各大院校提高学科水平的关键，也是我国实现信息化教育、科学化教育的核心所在。

当今，世界上都普遍认同，信息技术和课程的整合是处理上述问题最有效的办法，并且课程整合的呼声非常高。做好信息技术与课程整合工作最核心的因素就是要对“整合”的目标、概念、方式方法有透彻的理解，给出科学化的回答和见解，进而总结出“整合”采取的手段和方式。相关领域的专家认为，信息技术与课程的有效整合意味着数字化学习，数字化的关键是扩大数字内容整合的范围，直到整个课程整合并应用于课堂教学。当教育目标十分明确且训练有素的教师将动态数字内容应用于教学时，它将有助于学生的探索和研究水平的提升，促进数字学习目标的完成和实现。为了营造一个生动的数字学习环境，学校一定要做好数字内容与各种学科相结合的工作。

2000 年，美国教育技术 CEO 论坛提出了有效整合的三大步骤。

（1）进行教学目标的确定，然后做好目标和数字化内容的结合工作；

（2）制定课程整合可达到、可测量、可评价的结果和标准；

（3）以第二步骤为准则开展测量和评估工作。

接下来根据评估结果再对整合方式进行有针对性的调整，促进教学目标的有效达成。但是需要强调的是，这些流程、方法并没有涉及“整合”的思想、教学设计以及教学资源和教学模式，所以，在实际操作过程中，站在老师的角度，会有一定的难度。

信息技术领域的专家表示，一般课前和课后阶段是把信息技术应用于教学的最佳时机，方便学生进行资料的搜寻，加强师生交流的机会。对于正常的上课阶段，简短的几十分钟，信息技术的作用和影响很难发挥出来，最主要的还是要依靠老师的讲授。美国当前的信息技术与课程整合模式使用频率比较高的主要有以问题为基础的学习、以项目为基础的学习、以资源为基础的学习三大类别。信息技术在课前阶段的运用主要就是老师借助网络将课上所要讲授的知识、资料、重难点以及事先需要预习的内容传递给学生，以便他们做好准备。此外，学生还可以对有疑问的地方与老师进行沟通。以问题为基础的学习、以项目为基础的学习、以资源为基础的学习属于网络专题的“研究性”学习模式，这种模式以生活、社会、自然中切切实实存在的问题为核心，通常都是多知识、多学科的综合，需要耗费大量的时间和精力进行调查、研究，所以，只适合在课外使用。

我们是从西方发达国家那里了解的整合的内涵与实质，也就是从革新教学环境层面来对整合加以理解。我们在对各科目进行信息技术与课程整合的过程中，要参照相应的指导思想和原则，寻找既符合当前情况又可以完成信息技术与课程整合的有效手段和方法。

1. 以先进的教育理念为指导

为了实现上述目标，必须转变教学观念，积极引进和学习先进的、科学的教学思想，要尤其强化建构主义理论的主导性地位。信息技术与课程整合并不是表面上的对信息技术加以使用的过程，更是深化教学改革的过程。没有理论指导的实践是盲目的实践，改革必将失去正确的方向。建构主义理论并非能解决教学中的任何疑难问题，建构主义所强调的“学习型”，学生主要通过自我建构的教育观念和获取知识意义的教学观念，打破了一直以来我国强调老师主体性地位的教学理念。另外，建构主义学习理论和教学理论以及建构主义学习环境下的教学设计方法，可以为信息技术环境中的教学提供最有力的支持。

2. 以建立新型的教学模式为中心

通过上述内容，我们可以很清楚地了解到，“整合”的实质就在于教学模式的改革，也就是打破原有的以老师为主的教学方法，试图构建一个既不忽视老师的主导性作用，同时又能凸显学生主体地位的“主导—主体相结合”教学模式。所以，这也在一定程度上对老师提出了更高的要求，老师一定要重点关注学生、教学内容、教师、教学媒体这四大元素所占据的地位以及所起到的作用。借助课程，改变他们的地位和作用，并深入思考以下问题：做出变革的程度如何？有哪些要素做了变动，哪些没有？为什么没有变动？这些问题，是均衡整合效果与整合层次深浅的核心所在。

3. 坚持“学教并重”的教学设计理论

“以教为主”的教学设计和“以学为主”的教学设计是当前教学设计的两大类别。“以学为主”就是在建构主义学习环境下的教学设计。因为这两大类别都是利弊并存的，各有特色，所以，将二者结合起来形成一个强调学与教并存的教学设计理论。该理论不仅关注教师的主导作用，还凸显学生的主体地位。将这一理论应用于教学设计中，基于计算机的信息技术，包括多媒体和计算机网络技术，不仅是一种辅助教师教学的视觉教学工具，更重要的是还可以提高学生学习的主动性。建构主义学习环境下的教学设计理论在这方面起着很强的指导作用。

4. 重视教学资源建设

课程整合最基本的条件就是要确保教学水平的高质量，教学资源的丰富性、多元化，这也是提高学生自主学习能力所不可或缺的，同时也有助于打破传统的以老师为中心，学生被动接受的学习模式。如果不能确保教学水平和质量，那么革新教学模式也就毫无意义可言，创新人才的培养也无法实现。教学资源的建设，要求广大老师要努力寻找并合理运用好网上现有的教学资源，如果找不到符合教学条件的课件，老师就要自己去进行设计和构建。

5. 注意结合学科的特点

新型的教学结构是构建全新教学模式的基础。教学结构原则上归属于教学方式、教学策略这一类别，但是与教学方式、策略还是有一定的差别的。教学方式或教学策略通常使用的都是一种固定的方法，但是教学结构是完全不同的，教学结构至少是两种或者两种以上教学方式的结合。在实际的教学活动中，革新教学模式，达到既定的教学效果或者目标，通常都需要借助好几种完全不同的方法和策略。一旦这些方法和策略总是能促进目标的实现，那么，也就成了一个有效的教学结构。促进教学模式革新的教学结构种类非常多，并且也会由于学科和教学单元内容的不同而存有差异。在实际的教学活动中，老师在进行课程整合的过程中，一定不能忽视学科特征这一核心因素，在符合学科特征的基础上构建一个老师和学生兼顾的“主导—主体相结合”教学模式。教学模式类型多样，层次分明。“探究性教学模式”、专题“研究式教学模式”“仿真实验教学模式”等都是我们平日里接触比较频繁的类型。

每一种类型使用的范围和领域是不一样的。对“探究式教学模式”而言，它就是比较常规的一种，使用领域也比较宽泛，文理皆可，侧重于学科认知目标和情感目标的表达；“研究性教学模式”侧重能力的提升和培养，旨在提升学生发掘问题、指出问题、处理问题的能力；“仿真实验教学模式”主攻的是实验教学，如物理、化学、生物等课程的实验。每一种教学模式执行和运用的流程和方法都是不一样的，如果能将上述几种教学模式灵活运用，那么对课程整合的意义是不言而喻的。

（三）信息技术与课程整合在大学英语教学改革中的实践意义

多年来，大学英语教学一直都是坚守“以老师为核心”的教学方式。这种教学方式下的教学系统中的四大要素所扮演以及所起的作用如下。

（1）老师。老师是教学课程的主要发起者和讲授者，主导性的地位无可撼动，老师会借助口头讲解、黑板板书等完成知识的传递。

（2）学生。这种教学模式下，学生一直处于被动的地位，学生需要做的就是认真听讲，把老师所讲的内容学会并做好笔记，一直都是一个类似单一的接收器的存在。

（3）媒体。媒体是老师授课的辅助用具。

（4）教材。学生知识获取的主要来源就是教材，老师以教材为基准进行讲解，考试内容也在教材中。

这种教学模式虽然巩固了老师的主导性地位，有助于课程进度的把握，推进教学工作稳步开展，但是不利于学生学习主动性的培养，很难激发学生的学习热情，没有给予学生地位足够的重视，教学成果不理想，不利于培养创新型人才。

“课程整合”的本质就是要打破原有以老师为核心的教学模式，构建新型的不但可以巩固老师主导性地位又可以凸显学生主体地位的“主导—主体相结合”教学模式，只有这样，才能激发学生的学习热情，提高创新能力，切切实实地推进创新型人才的培养工作。因此，信息技术与课程整合对于我国英语教学工作的改革工作起着十分重要的作用。

大学英语改革工作的成效在很大程度上取决于信息技术与大学英语课程整合的教学模式，这种教学模式对英语教学成果起着积极的作用。信息技术和课程整合教学模式开展的根本就是革新教学结构和教学模式，教学模式的类型有多种，信息技术与课程的整合模式同样是多种多样的。学科教学过程可以划分为“课内阶段”“课前阶段”和“课后阶段”三大阶段，前一种阶段是与课堂紧密相连的，后两者是课堂之外的间接关系。根据层次关系，整合教学模式主要有“课内整合模式”和“课外整合模式”两种形式。

美国、加拿大等一些经济比较发达的国家是十分关注“课外整合模式”的。他们一直在积极努力地探索、开展研究、调查等，也相继取得了一些成效。“课外整合教学模式”的课堂教学涉及不同学科，不同的教学策略和不同的技术环境支持等多种因素，实现课堂整合的教学模式分类更加复杂。根据技术支持环境，可分为基于多媒体的演示文稿，基于 Web 的教室，基于软件的工具或模拟实验室。根据所选择的不同教学策略，可分为自主研究、协作学习、示范、教学、讨论、辩论、角色扮演等。

在国内，我们历来比较重视“课内整合教学模式”，但往往忽视对“课外整合教学模式”的探索与研究，这点与西方发达国家有所不同。西方国家在“课外整合教学模式”方面做了大量的工作，取得了很多成功的经验，可供我们学习和借鉴。不过我们在学习与借鉴的过程中，一定要注意结合中国的现实环境和具体条件，不能盲目地照搬照抄。

二、信息技术与大学英语课程的课内整合模式

信息技术与英语课程整合工作的开展，归根结底就是打破原有的以老师为核心的教学方式。学科教学过程可以划分为“课内阶段”“课前阶段”和“课后阶段”三大阶段，前一种阶段是与课堂紧密相连的，后两者是课堂之外的间接关系。根据层次关系，整合教学模式主要有“课内整合模式”和“课外整合模式”两种形式。

“课内整合教学模式”的课堂教学模式分类比较复杂。根据所选择的不同教学策略，可分为自主研究、协作学习、示范、教学、讨论、辩论、角色扮演等。探究式教学模式就是学生采取小组合作的方式，在老师的指导下，对教学内容进行自主学习。简而言之，探究式教学模式就是既不削弱老师的主导性作用，同时又注重学生的主体地位。

在本节我们将对目前影响较大的信息技术的“课内整合教学模式”——探究式教学模式进行介绍和分析，讲述它们的产生背景、内涵与特征、实施步骤等问题，并结合这种整合模式在大学英语教学中的实施案例，探讨信息技术在大学英语教学中的“课内课外”整合模式的目标、内涵和实现的途径。本节的主要目的是帮助广大大学英语教师更深入地理解如何在建构主义理念下将探究式教学模式运用在大学本科高年级阶段双语课程的教学实践中。

（一）建构主义理念下的探究式教学模式

建构主义教学观有别于传统的教学观。传统观点认为，教育的目的是把前人所获得的知识传授给学生，师者只要传道授业便完成了使命，学生是知识的被动接受者。而建构主义观点则认为，学习过程是以自身已有的知识和经验为基础的建构活动，教师应以此为终极教学目的，辅助学习者完成知识建构。因此，基于建构主义教学观所设计的主体学习活动是动态的。设计中充分考虑到主体已有的知识积累和学习经历与经验，主体业已形成的人生观和世界观也会对知识建构产生影响，在教学活动设计过程中也应该最大限度

地考虑到学生在这方面所呈现的个体差异，在探究知识的过程中培养学生的批判性思维。基于问题解决的过程构建对学生知识的评价体系，根据学生对事物的理解和解决问题的能力作为衡量的标准。将传统“教师决定式”或灌输式教学模式转化为开放式，教学活动的每个环节都有学生主体的参与，学习质量的好坏不仅是学习者知识积累的多寡，更多的是学习者外化知识的能力的提升。换言之，学生对知识的获取不再是单一的被动的学习老师传递的内容。在实际的教学工作中，老师的教与学生的学并不是单纯的讲授和学习的过程，同时也包含了老师与学生的交流、互动、学生间的沟通以及学生自主学习知识的过程。

在建构主义的观点下，学习不是从外到内的单向信息输入，而是通过新信息与学习者原始知识和经验之间的双向互动。因此，基于建构主义学习观念的教学活动设计还应包括学习者与学习环境之间的互动。学习应该通过学习者的高水平思考活动来实现，而不是简单地遵循记忆过程。学习者需要构建事物及其过程的特征，但这种知识构建并不是按原样进行，而是通过应用现有的认知结构来处理新信息。在这种知识学习、整合和内化过程中，每个学习者都基于自己的经验系统，识别和编码新信息以构建新的认知系统。在此过程中，由于新经验的参与，原始知识被调整和改变。所以，建构主义所主张的学习不再是教师只是将知识传授给学生的过程，而是学生建构自己的知识。学生不再是被动的类似接收器的存在；相反，学生必须在现有经验的积极转变和重组的基础上构建新信息的含义，这是其他人无法取代的。学生学习的主要任务不再是各种事实信息的记忆、讲述和加以使用。相反，在教师的指导下，他们积极而有意义地选择和处理外部信息，收集和分析相关信息。并对数据进行了研究，然后对所研究的问题提出了各种假设，以进行验证、评估甚至批评。

1.探究式教学模式产生的背景

基于建构主义理论的探究式教学过程倡导发挥老师的主导性作用，注重学生的主体地位，以促进学生发展为核心。这种教学模式，不管是对学生还是老师，都有更严苛的要求。这要求学生确保在课后投入更多的时间和精力。建构主义教学强调情境学习。这样做旨在促进学生更好地融入情景中，积极观察模拟情境中隐含存在的知识和技能，培养他们独立思考解决实际问题的能力。在建构主义的概念下，作为一个解决问题的学习者，必须有一个从“边缘”到“核心”的过渡。这个过程是学生自主的过程，也十分契合情境学习理论的边缘参与规则。探究式教学要求学生认真思考，表达自己的原创想法，展现出创新性。这要求学生在课后反思，养成良好的学习习惯和学习方法。

学习方式是现代学习理论中的一个重要概念。很多的专家、学者认为学生在学习过程中所表现出的行为和认知取向就是学习方式。学习方式不等同于学习方法，它是学习过程中自主性、独立性、探索性的体现。过去的学习方式并没有关注学习者自身的自主性、独立性，单纯地认为学习是基于人的依赖性和被动性。所以，对学生进行学习方式的转变就是打破他们的被动性、依靠性，挖掘他们的积极性、主动性，发挥他们的主观意识，培养他们的创新能力，做学习的主人，不做僵化的接收器。

教育部在2007年发布了《大学英语课程教学要求》，非常明确地指出，各高校应充分利用现代信息技术，改进以教师讲授为主的单一教学模式，给英语学习提供更加宽松和开放的环境，不再有学习时间、学习地点的局限，彰显学习的个性化和主动性。新型教学模式不但要遵循英语实用性、知识性的原则，还要注重师生积极性的调节和激发，同时要继续巩固老师的主导性地位，并给予学生更多的关注度。全新的教学模式应该要满足学生自由选择的需求，提升他们学习的主动性和积极性。为此，明确倡导要在大学英语教学中推进以“自主、探究、合作”为特征的学习方式，从而改变传统的以教师为中心的教学模式。

《国家中长期教育改革和发展规划纲要（2010—2020年）》在2010年正式颁布并开始贯彻执行，纲要中明确指出要深化教育体制改革，改革人才培养体制，提高人才培养水平，创新人才培养模式。在此基础上，《纲要》进一步明确了创新人才培养模式。对教学进行深层次、全面化的革新，教学方式进行创新，培养方式进行探索，力争做出不断涌现高精尖人才的态势和局面。所以，我们要大力提倡和推进启发式、探究式、讨论式、参与式教学的开展，引导学生自主学习，启发思考能力，要不断激发他们的学习热情，引导他们独立探索的能力，创造和谐、有序的学习氛围。同时，教学中还要充分发挥现代信息技术的作用，促进优质教学资源共享，引导学生拓展研究深度，对学生不同阶段的学习内容进行确定，构建全新的教学体系和教学机制。在上述背景下，探究式教学模式为我国教育界日益熟悉和接受，越来越多的高校教师开始将这一教学模式运用到不同学科专业课程教学的教学实践中。

探究式教学模式对传统的以教师为中心的，单纯以讲解为主、学生接受的被动性的教学模式进行了冲击。教学模式的变革如果只在教学方法和手段上下功夫的话是完全达不到目标的，还要转变教学思想和观念。也就是说，要由原来的以老师为核心，单一的注重知识和技能学习的思想逐步向关注学生主体地位，兼顾知识、技能以及能力共同培养和发展的思想转变。简而言之，要树立学生终身发展、终身教育的思想。探究式教学模式与“研究性学习”教学模式是有很大差别的，探究式教学模式以课程中的某一个或者某几个知识点为学习对象，研究式教学模式是以自然、生活、社会中真真切切的问题为学习对象。探究式教学模式的适用范围很广，也是当前使用频率最高的课内整合模式。

2. 探究式教学模式的内涵与特征

探究式教学模式就是学生在老师的悉心指导下，自行学习教学内容，采取小组合作的形式，彼此交流、探索、分享，完成教学任务中要求的认知目标和情感目标。这里的认知目标主要指相关科目的知识、内涵、原理以及能力的了解和把握、情感目标就是品德、态度、价值观的培养。在贯彻、实施信息技术与课程整合的过程中完全可以满足并达到教学任务中的认知目标和情感目标。总而言之，探究式教学模式的特点就是同时兼顾老师和学生在教学中所占据的地位，肯定老师的主导性作用，同时又不忽视学生，保证学生得到足够的关注。这一教学模式的特点和优势如下。

（1）教师的主导作用

探究式教学模式虽然一直在提倡和强调学生学习的主动性、独立性，但并不意味着弱化了老师的指导性作用。这种模式还是非常肯定老师在教学中的主导性地位，老师地位和作用的体现主要表现在以下几个角色上。

①学生学习热情的激发者。探究式模式中学生学习和研究的目标是需要老师进行敲定的，学生不可以自由选取，他们不具备这种选择权。一般情况下，他们学习和探究的目标都是老师根据教学任务和要求进行确定的。与此同时，教师应适度激励学生以极高的热情和主动性参与活动，如考虑学生学业素质、兴趣、需要，适时适度地给予学生必要的个性化指导，营造相互信任支持和帮助的学习气氛，并鼓励学生全身心地投入探究学习活动中。

②学生自主学习和协作学习的组织者。老师要启发学生的思考能力、探究能力，呼唤起他们的好奇心，所以，老师一定要给学生提出一些与探究目标相关的或者对他们的学习和研究有帮助的问题，让他们带着问题去研究、去学习，学习效果会更好一点。探究目标敲定后，为了取得更好、更出色的研究成果，需要在探究之前完成探究策略的选择或设计，如根据具体情况采用“支架式”策略、“抛锚式”策略、“随机进入式”策略等启发和引导学习者进行探索、发现规律，帮助学生在自主学习中完成知识建构。同时，设计多种交互形式，如竞争、辩论、伙伴合作、问题解决、角色扮演等方式，组织学生开展协作学习。

③学习环境和资源的设计者。虽然探究过程一再强调学生的独立、自主，但是也不能缺少老师的指导，老师还是要在某些方面给予指导和建议，帮助他们更好地进入研究状态，更好地学习和探索。教师应该为学生的探究活动

设立积极学习情景（如吸引、情景、学业三种内容的设计）、新旧知识的联系线索、帮助构建新知识、精选设计组织和传递学习资源，教师甚至需要提供有关的探究工具，指导和引领学生正确高效地使用相关的教学资源（如图书馆中的专业数据库）；此外，还要对他们研究和学习中选择的方法、战略给予适当的指导和帮助。如果老师没有及时地给予他们需要的指导和帮助，学生会很快丧失信心，研究热情也会减退。这样一来，很难取得理想的学习成果，甚至有可能会失败。

④探究过程的评判者。学习和探究过程完毕后，老师需要对学生的表现给予评判，并表达自己的观点，以便学生查缺补漏，更好地提升自己。一般情况下，自行探究、自行学习流程完成后，先由同学自行总结和探讨，彼此间相互交流和探讨。通过这种交流和讨论，同学们在发现自身不足的同时也会学习到其他的知识和经验。毕竟学生都是第一次尝试这种学习模式，所以，他们总结出来的东西和内容肯定是不全面的，内容会有一定的片面性，所以，还需要老师再次进行总结和讲解，帮助他们更加深刻地理解和掌握相关知识，因为老师对课程和知识的把握度是毋庸置疑的。

（2）学生的主体地位

根据建构主义理论，在探究式教学活动中要绝对地保证学生的主体地位。或者说，学生主体地位是否得到了确保和体现是探究学习效果的核心因素。探究式学习强调学生的独立、自主、小组相互协作。课堂教学进度以及目标的完成度主要取决于个人的独立探索和小组的合作学习。在探究、学习过程中，学生会尽可能地施展和表现出他们的热情、独立和创新能力。所以说，这种学习模式不但有利于他们对知识和技能的掌握，还可以提升他们的创新能力，促进创新型人才的形成。一般来说，学生的主体地位是通过这些角色得到体现的：第一，自主学习者；第二，探究发现者；第三，团体合作者；第四，积极参与者；第五，自我评价者；第六，观点分享者；第七，知识的生产者和思想的贡献者。

以教师为主导、学生为主体的课堂是能够焕发生命活力的课堂，学生在这样的课堂中能积极参与，表现主动专注，学习的目标性强。综上所述，探究式教学模式最基本的特点就是教学环节中老师和学生达到“主导—主体相结合”的关系。这种模式在实施的过程中能够取得成功，主要在于是否同时兼顾了老师和学生的地位和作用，做不到这种兼顾，或者忽视了某一方，那么探究学习注定失败，无疾而终。

3. 探究式教学模式的实施步骤

探究式教学模式的施行过程共包括以下几步。

（1）建设情景

情景的建设除了能使教师更快地进入教学主题中，还可以提高学生的学习积极性以及学生的自主学习能力。建设情景的方式有很多种，如教师可以通过提出一道未解决的问题，让学生利用所学到的知识去解答。也可以利用多媒体等辅助工具，制作一个精美的 PPT 去演示、播放需要讲授的知识，让学生在轻松的氛围中学习。除此之外，教师也可以举办与学习主题相关的比较有趣的活动，让学生在活动中扮演相关的角色等，以达到建设情景的目的。通过上面所设计的多种情景建设的方法，可以激发学生对学习和建设情景的动机，提高其学习的积极性，学生在情境中学习，不但能激发起对学习的热情，还能大大提高其学习的效率和独立思考的能力。

（2）启发思考

当学生通过情景建设而被激起学习的动机和积极性的时候，教师就应该适当地提出一些有启发性的和思考性的问题，以培养学生独立思考问题和解决问题的能力，但提出的问题不能带有明显的答案。学生在思考这些问题并针对问题去探索和寻找答案的过程实际上就是一个学生自主学习的过程。在学生对问题进行思考的时候，教师应该提出一些有效的建议和指导，例如教师可以引导学生怎么样去解决问题，应该从什么样的方向去寻找答案，可以借助什么学习资源及辅助工具以及在遇到问题时应该如何去解决等。学生的任务就是在老师提出问题后要进行认真的思考，可以适当地采取老师所给的建议对问题进行探索和研究，最终找出答案。

（3）自主学习与自主探究

这个环节的实施过程其实就是学生通过运用教师所提供的辅助学习工具以及相关学习资源，或者是自己从网络上或通过其他渠道获得的学习工具及资源，围绕教师提出的一些问题进行自主探索和研究的过程。这种类似的活动主要包含以下几种：学生通过使用相关的辅助工具去寻找和总结与自己所学知识有关的各种信息；学生自己主动去分析和研究所收集到的各种信息，并进行归纳整理；学生通过对所学的知识和收集的信息进行分析、整理和评价后，对知识有了更深一步的理解和认识，这其实是完成了对知识的自主建构。在自主学习的过程中，教师的主要任务是密切关注学生的动态和学习方式，及时地给予指导和建议，并对错误的方法进行纠正，以使学生独立地、顺利地、有效地完成对知识的探究和学习。

（4）协作交流

为了使学生对所学到的知识意义的建构能进一步深化，除了让学生进行自主探究学习，还应该让学生自行组成小组进行小组之间的互相交流与协作，或班级与班级之间进行交流讨论。通过与他人分享或讨论学习资源或学习方法，可以进一步加深学生对所学知识的理解和认识。在学生进行小组写作交流的过程中，教师应该为其提供相关的学习交流的工具。除此之外，教师还应该对怎样进行讨论、如何解决小组之间的意见分歧等问题为学生做出指导和建议，在必要时还可以参与到学生的讨论当中去，以更好地给予学生帮助。学生之间的交流和探讨不仅可以使学生更深入地认识和理解所学的知识，还可以增进学生之间的情谊，使学习环境和氛围变得更加和谐、美好。

（5）总结提高

探究式学习方式的最后一个环节是总结提高，设置这个环节的目的是通过让学生和教师对所学的东西进行归纳总结，并对不足的地方和错误的地方进行完善和改正，以便更深入地、全面地理解和认识所学到的知识，并意识到自己的不足，从而不断地提升自己的能力。在进行总结提高的过程中，学生的主要任务包括自我反思、评价及与同学相互交流和沟通，而教师的职责是对学生的学习方式进行评价，对所学的知识进行总结和归纳，对学习中的不足之处提出更完善的建议，并与学生分享自己的一些学习经验以供学生参考。最后，教师可以针对知识点的延伸与拓展提出相关的问题，让学在课后自主地去查阅资料进行思考和研究，以拓宽学生的知识面。

（二）建构主义指导下的多媒体网络教学模式的设计原则

基于对建构主义理论学习内涵的认识，建构主义指导下的网络多媒体教学模式，设计思路为：在整个教学当中，强调以学生为主，利用情境协作、会话和资源等学习要素，通过对学生的知识掌握和认知特征的背景进行分析，设计适应学生的学习资源和策略，并借助认知工具充分发挥学生的主动性和创新精神，用最有效的方式为当前所学知识的意义建构和利用。在这种模式下通常学生是主动建构知识者，教师则是组织者和指导者，意义建构的帮助者则是促进开发者，教材资源则是学生主动建构意义的主要对象，视听多媒体是用来进行创设情境的协作学习、会话等交流，可以鼓励学生主动学习，协作探索的所有认知工具。

（三）多媒体网络技术为建构主义理论提供技术支持

网络多媒体技术的发展应用为建构主义学习理论提供了技术层面上的有力支持。从学习建构主义理论看，现代技术教育中网络多媒体教学系统所具有的技术性特点，为在英语网络中，大学教学里应用建构主义，学习理论提供了广阔的空间，也促进了教学根本性变革的观念。还有自我学习的理念应用有效地克服了传统教学中的所有弊端，提高了学生的认知能力，分析解决问题能力，使学生创新和素质教育得到了实处，为学习理论的建构主义应用奠定了所有基础。

1. 超媒体（hyper-media）与“自主学习”

认知心理学的研究表明，人类思维是联想特征，经常从概念、主题转移到另一个概念主题的转变。多媒体是按人脑思维联想的方式，非线性组织管理的一种先进技术。它按照所有人脑联想的思维方式，将文图、声像等不同多媒体信息整合的，将讲解和演示测验等不同的教学内容整合，将预备知识和当前知识扩展整合，构成了一个生动又丰富多彩的多媒体学习环境。这和人类思维的联想的特征相吻合，实现对信息教学最有效的组织和管理，使得学生自由联想能力得到最大限度的发挥，促进学生创造能力的培养。同时在教学信息中的非线性使学生可以自己根据实际情况通过联想、自由选择大不同的途径，进入不同的链接点，从一个不同的主题跳跃到另一个主题当中，即从一个链接点跳跃到另一个链接点等，灵活地浏览各节点的所有内容，包括文本声音、图形图像、动画等，为学生自主学习奠定了基础。

多媒体网络技术的交互功能提供了图文，声音并茂的综合刺激和多层感官刺激，使得学生可以依据自己原来的认知结构、认知水平，还有兴趣，自由选择自主学习控制内容，以呈现方式。

2. 虚拟现实技术与“情境学习”

虚拟现实是计算机和用户之间的一种为所有理想化的人机界面，人可与计算机网络生成虚拟现实的环境进行交互，与传统计算机相比，虚拟现实系统具有三个重要特征：临境性、交互性和想象性。

在现代教学技术教育环境中，虚拟的现实技术应用图形和声音以及图像是构建再造出逼真的教学课堂情境，将所有学生置身于其中来获得最好的教学效果。人和计算机生成现实环境的虚拟交互，在现实虚拟技术构建的交互性课堂中，教师与学生可以是真实的，也可以是虚拟的，学生可以是一个或多个，教学模式可以有多种，教师教学方法也可选择性地使用，教师教学进度可由多方控制。在教师教学过程中，学生和教师都可以是教学的设计者、控制者，克服了传统授课的限制，学生主动性以及独立性的缺点，确保了教师和学生双方的作用得到充分发挥。虚拟的现实技术创造，展示了多种趋于现实的学习情境，把学习抽象的知识与现实生活都融合一起，从而大大地激发了学生的思维能力，使学生以丰富的想象力知识完成想象力上的建构。

3. 多媒体通信网络技术与“协作学习”

计算机网络通信、多媒体网络的技术融合是计算机网络和多媒体网络技术发展的必然趋势，它兼收并储备了计算机的交互性，多媒体的复合性和通信的分布性以及电视的真实性的特点。在网络多媒体学习环境中，学生既实现了信息网络资源共享，也实现了利用网络资源的介质进行所用信息交流，打破了所有地域、时间上的限制。学生可以自主地选择学习的内容、学习的方法、学习的时间、学习的地点、学习的条件来完成，改变了传统被动被支配的受监控的地位。网络计算机资源共享使得学生可以获取学习极大丰富的信息资源，帮助不同层面的学生获得平等教育、和平竞争的权利，为面向全面民众素质教育实施语言文化交流奠定了国际化的基础。网络教学中的协作学习、小组讨论、在线交流等学习策略会使教师和学生之间、学生与学生之间通过交流、信息等实现情感互动。换句话说，网络中的协作学习，对高级认识的功能发展、合作精神的培养以及良好人际关系的形成等具有特别明显的支持与作用。

（四）大学英语多媒体网络教学模式的构建

基于以上分析，多媒体网络教学的一些特征为：建构主义学习理论提供了所有技术层面中支持，其学习环境和建构主义的学习理论所主张的学习环境大多一致，体现了所有学习的自主性、情境性、社会性。所有用建构主义指导了多媒体网络教学应该不仅必要且又可行，在大学英语授课多媒体网络教学模式可以按照教学目标和情境创设等自主学习和协作学习的意义建构五个关键的环节进行教学理念设计。

1. 教学目标分析

本环节针对主要分析教学为目标：确定学习中的内容，提出了本课或本单元想要达到的教学目标，此目标以确定目前所学知识为主题，并用这些组织教师教学。大学英语则是一门优质的语言实践课，从语言文化发展的内在规律来看：听与说、读与写、翻译等五项语言技能是紧密联系的。听写、朗读过程是学生自外向内获得语言知识，也为输入过程，而演说、写作、翻译则是学生将所学的所有知识由内而外地再现的过程，也为输出过程。所以，学生一定要根据自己本身的实际情况，构思完成教学的目标方法和手段，通过学生学习操作、实践去实现教师教学的目标。教师所提出的所有教学目标的难度应以大部分学生能通过为适合，并应该具有层次性，来适应不同程度的学生。教师一般还应指导学生将大部分的任务分解来讲解，分为小目标来解答，以便学生分步骤进行学习研究。

2. 创设真实情境

建构主义认为，学习通常是与一定的文化背景即情境相关联的，在实际情境下，也可以使学生利用原有的认知结构里的很多经验去同化、索引目前所学习到的新知识，从而把创新的知识赋予某种意义。如果原有经验真的不能同化创新知识，一定要引起顺应过程，对原来传统的认知结构进行改良和重新组合。通过同化和顺应，才能达到对创新知识意义的建构。学习的个体不同，认知的特点也有所不同，教师必须要帮助学生分析自身的知觉和记忆、思维和动机、经验和情感等因素，找到所学习内容和自身认知结构的结合点来完成，用最符合学生认知心理，外部的刺激去促进学生对创新知识的同化与顺应，去完成所学知识的意义建构，把学习者的智力引向最高的水平。我们可以通过网上交流的多种途径，实施教学计划指导下的非实时的自主学习，以调动学生的一切感官、过去的经验来探究、解决问题，使学生对知识的掌握更透彻、更形象，实现个性化学习、自主式学习，使学生在个性化发展的全过程中去完成提高语言水平的实践能力。因此，创设从不同侧面、不同角度表现特征的知识多样化情境，可为学生的探索提供多条途径，使学生可随机地进入任意的学习情境，实现知识的迁移。

3. 自主学习

当代的英语学习理论强调指出，学生在学习过程中，起着决定性作用，其意义在于，促进学生的全面发展，培养学生独立思考、自主学习以及创新能力。在网络的学习环境下，学习被看成是学生自发地与外界相互作用的最后的产物。学习并不是传统的死记硬背，而是一个从所发生的事件当中寻求意义的创新性过程。在这个过程中，学生要根据自身的水平，寻找到适合自己能力的学习起点，确定学习目标以及学习内容，并确定一套自己的评估体系。通过扩大学习活动的自由空间，解决个体独特的需求问题，使学生的潜能得到最有效的开发。自主学习方式突破了课堂的时间限制，这不仅适应不同水平，不同学习要求目的的学生，也体现了教师个性化的教学原则。

4. 协作学习

由于解决知识的复杂性、情境中具有艰巨性，个人可根据自己积累的经验所建构的对理解外部的世界也不同，大多存在着局限性问题，通过意义的共享、协调，才会使理解更加精准、更加丰富、更加全面。协作都发生在学习过程的始终，会话是合作过程中不可缺少的一个环节。学生通过在丰富内容的情境中的对话、合作，可达到对创新知识的构建和共享。可以说会话也是达到意义构建的重要手段。在新时代网络学习环境下，学生可以面对面地进行实时在线语言交流，或通过多媒体网络，进行实时的文字交流的协作学习，使每位网络的资源提供者、获取者的思维、智慧将被整个网络学习的群体所共同分享，即整个学习的群体来共同完成对所学知识的意义建构。尽管理解属于个人的建构物，也无法共享，但可以与其他人进行交流，通过交流检验、修正自己的理解，使之更符合客观规律。网络资源的提供者、获取者之间都有着一些动态的信息交互，学生既可以通过在线学习访问网络站点进行，也可通过文献检索在线资源来选择自己所需要的学习等内容，以达到获取知识的目的。在学生与教师的合作过程中，学生获得教师的一些帮助，教师获得学生的信息反馈等。在情境中学习当中，教师既是组织者，也是参与者，他们既可以通过电子会议系统、电子黑板等实现同步协合作，也可以通过电子邮件实现异步协作。协作学习也可在两个或两个以上的学生之间进行，既可以在有组织的情况下进行，也可直接面对面地或通过网络论坛进行。学生可通过不同观点来提升自己的认识结构，加深对知识的理解，并在对一些观点进行梳理的过程中，提高自身知识意义的建构能力。

三、信息技术与大学英语课程的课外整合模式

学科教学过程涉及三个教学阶段：一是“课内阶段”，与课堂教学紧密相连，另外两个是课堂教学环节之外的“课前阶段”和“课后阶段”。因此，信息技术与课程整合的教学模式可以概括为“课内整合模式”和“课外整合模式”两种。对信息技术的课外整合教学模式——研究式教学模式做重点介绍。

在美国、加拿大等一些经济比较发达的国家，他们都十分注重信息技术与“课前阶段”和“课后阶段”教学过程的结合，也就是“课外整合模式”。多年来，他们在这方面做了大量的研究，进行了广泛的实践和探索，并取得了很多成功的经验。但是在国内，我们历来比较重视“课内整合教学模式”，而往往忽视对“课外整合教学模式”的探索与研究。西方国家在“课外整合教学模式”方面取得了很多成功的经验，可供我们学习和借鉴。但在此过程中一定要注意结合中国的现实环境和具体条件，不能采取简单的“拿来主义”方法。信息技术的迅猛发展，直接冲击着传统的大学英语教学模式，也直接影响着信息技术与大学英语课程的课外整合模式。为此，进一步探讨如何做好信息技术与大学英语课程的课外整合，也就是“研究性学习”教学模式的意义重大。

（一）建构主义理念下“研究式学习”教学模式的内在特征

建构主义的观点是发挥老师的指导性作用，巩固学生的主体地位，提高学习的自主性。这种模式不再单一地侧重于某一主体的地位和作用，对学生

和老师的角色、地位都进行了肯定。强调老师不再是知识的讲授者，而是意义构建的协助者；学生也不再是知识的被动接受者，而是信息加工的主人，是意义建构者。建构主义提倡在教与学的过程中用系统分析、共时方法和深层阐释去分析和解决问题，旨在用“全新科学模式”取代传统的教与学的方法，注重用辩证的方法进行教与学。

1.“研究式学习”的定义

研究式学习就是学生在自然、社会以及生活中自行选择课题，并在老师的指导下独立开展研究的一种学习活动。在研究活动中，学生要自行完成知识获取、问题解决、知识应用等。这种学习模式以问题为基础，采取小组合作的方法，进行一种情景创建，让学生独立完成调查、收集、分析等环节，旨在启发思考，提升他们解决问题、处理问题的能力。这种学习模式与传统的被动学习存在很大的差别，具有自主性、交互性、实践性、开放性等特征。这种学习模式的建立是为了更好地提高学生学习的主动性，改变原有单一的以老师的讲为主的授课模式，增加学习环境的开放性，拓宽知识获得的渠道，鼓励学生将学到的知识进行整合、消化、吸收，最终应用于客观实践。在此过程中，教师还要注重培养学生的创新精神和实施能力。

2.“研究式学习”的特征

研究式学习是20世纪80年代末在我国教育界广泛推崇和实施的一种全新的学习策略和学习模式。研究式教学指的是在建构主义教学思想指导下进行的一种教学和学习方法，其要求在教学过程中，教师用科学的方法指导学生以研究的方法进行学习，并在教师指导下，学生充分发挥潜能去掌握知识，运用知识解决实际问题。同时，研究式教学模式要求教师具有创新思维和科学施教的本领，引导学生主动去发现问题、分析问题、解决问题，培养学生创造性学习的能力。目前，研究式学习以其实用性而广受关注。但是，研究式学习作为一种全新的学习理念仍处于探索阶段，对其理论指导意义及实践性还有待进一步的系统研究。归纳起来，研究式学习有以下特征。

（1）强调学习的自主性

研究式学习注重学生学习的主动性，旨在借助自主学习来达到激励自身的目的。学生课题的选择完全可以凭借他们的喜好、特长、兴趣等自主进行研究、论述研究成果，彼此间相互交流。这个学习活动坚持学生的主体地位不动摇，给予学生足够的自由度，学生是课题的提出者、设计者以及具体的实施人员，老师只是单一地扮演参与者，发挥指导性作用，促进研究进度。

（2）强调学习的交互性

互动性也是研究式学习的主要特点。这种相互作用是由研究主题和研究方法的相互作用产生的，将在不同的研究内容中产生不同的研究课题和研究方法。交互性反映在教师和学生之间以及学生之间的互动中。师生共同完成学习任务和学习内容的建设。

（3）强调学习的开放性

研究式学习注重学习环境的开放性、多元性，试图突破原有的闭塞的学习模式和状态，引导学生走出课堂，走向社会。开放性的学习模式拓宽了学习知识获取的途径和方法。

（4）注重学习的实践性

研究式学习以学生的直接经验为根基，以拓展、丰富学生的直接经验为目标，鼓励学生自己动手，主动参与，提高实践能力，在参与的过程中积累知识和经验。学生可以借助资料查找、社会调查、实地走访等方式，在实践过程中获取知识和经验。

（5）注重过程及学生的体验

研究式学习强调过程大于结果，注重对学生创造力、精神品格层面的培育。把过程视为个体发展的根本性形式，注重学习活动化、活动过程化、过程体验化。学生应该为自己的发展积极努力，而不是一味被动性地接受，建设过程是积极和自主完成的。

（6）强调师生间的平等

研究式学习要求教师为学生创设轻松、融洽和愉悦的学习环境，使学生在学习过程中获得一个发现世界、探索世界的宽松环境，让他们主动思考，勇于问，敢于想，善于做。师生关系平等有助于双方感悟彼此的思维方式及看待问题的角度，增进了解，互相促进，共同提高，共同进步。

（7）促进创造性与潜在性的统一

研究式学习与传统学习的最大区别就是培养学生的创造性和创新意识。研究式学习是一个能动的创造性的学习活动，能够极大地激发教师和学生的创造热情，调动他们的积极性和主动性。教师注重的不再是知识的简单复制、粘贴以及对学生机械的灌输。学生注重的也不再是死记硬背或是从书本中寻找现成的“标准答案”，而是经过思考、探究、综合运用相关理论知识，并把理论知识与实践有机结合，充分发挥自己的想象力、创造力，寻求带有“主观能动性”的解答。研究式学习是具有主观能动性和创造性的学习，它能够帮助学生形成发散性思维，激发教师和学生的创造热情及学习的积极性和主动性。

（二）“研究式学”教学模式的实施步骤

建构主义认为，学习是获取知识的过程，是学习者在一定的情景即社会文化背景下，借助他人（包括教师和学习伙伴）的帮助，利用必要的学习资料，通过意义建构的方式获得知识，而不是通过教师传授得到知识。建构主义教学实质上是一个研究和再发现的过程。通过不断的研究和再发现达到学习的目的。要达到学习的目的，就要有科学的学习方法。

建构主义理论强调以学生为中心，要求学生身份由外部刺激的被动接受者和知识的灌输对象转变为信息加工的主体、知识意义的主动建构者；而且要求教师身份由知识的传授者和灌输者转变为学生主动建构意义的帮助者和促进者。这意味着教师应当在教学过程中采用全新的教学模式，摈弃传统的、以教师为中心的教学方法，采用全新的教学方法，运用全新的教学设计理念，创设适应建构主义理论需求的学习环境、教学模式、教学方法和教学设计。建构主义理念下的研究式学习教学模式通常包含以下五个实施步骤：

1. 提出问题

在此环节中，教师通过创设问题情景激发学生学习与研究的兴趣，并由此引出当前研究式学习的主题——自然界或社会生活中有待解决的某个真实问题。

2. 分析问题

在此环节中，教师首先应该向学生介绍分析问题的方法，如由表及里、由浅入深、由近及远、透过现象看本质、客观事例归纳、换位思考、用两点论而非一点论看问题等诸多方法。然后再根据问题的性质和研究的需要教给学生相关的研究方法，如问卷调查法、文献调研法、案例收集法等，并对研究式学习的策略给出具体建议与指导。由于研究式学习的对象是自然界或社会生活中的真实问题，一般都比较复杂，因此，在此环节中，学生在“同化”与“顺应”过程中，教师应随时给予学生引导和帮助。

3. 解决问题

这一步骤通常包括两个子环节：提出解决问题的初步方案和优化解决问题的方案。在这个环节中，研究式学习的研究主体，可以是学习者个人进行自由探索和自主学习，即“自我协商”，也可以是学习小组集体进行探索和研究，即“相互协商”。通常情况下，提出解决问题的初步方案这个子环节由学习者个人在深入分析问题的基础上自主完成；第二个环节——优化解决问题的方案通常是学习小组成员“会话”与“协作”的成果。

4. 实施解决问题方案

为了节约学习成本，避免不必要的浪费，在实施解决问题方案的过程中，注意做好形成性评价，及时收集反馈信息，经常进行反思。根据真实问题的实施情况，随时调整或修正解决问题的方案。

5. 总结提高

研究式学习的总结包括个人总结、小组总结和教师总结。小组总结应以个人总结为基础，教师总结应以个人和小组总结为基础。教师的总结需要帮助学习者把对客观事物的认识由感性上升到理性，丰富与完善他们对科学概念与原理的认识，培养学习者全面、系统、完整地认识和理解问题，使每位学习者都能做到知其然，更知其所以然。

研究式学习是对建构主义教学方法中抛锚法的发展与完善，是建构主义理论广泛应用的产物。开展研究式学习，需要建构主义理论的指导；反之，研究式学习实践又会进一步完善建构主义理论体系，并为建构主义理论广泛应用提供实践经验。

（三）对“研究式学习”教学模式下英语教学的反思

以内容为依托的研究式学习一改传统教学模式的教师主体地位，激发学生的“主体”意识，学生从始至终积极参与学习。由于研究式学习注重学习过程，学习中学生持续进行“联系”与“思考”活动，把“新”“旧”知识进行“同化”和“顺应”，结果是学生的创新思想和思辨能力得到强化，形成多视角、多元化、自主性的思考习惯。开展研究式学习需要学生之间相互分工与协作，通过课内外的协作性学习，学生的团队合作意识得到加强，人际沟通能力得到提升。这些能力的养成对于学生毕业之后尽快融入社会环境，建立良好人际关系，顺利开展工作是十分有益的。以下是笔者针对研究式学习教学模式的实践进行的反思，拟从几个不同的方面分析和探讨这一教学模式在实践过程中需要注意的问题和环节。

1. 教学观念的转变和教师角色的定位

研究式学习教学模式与传统的以教师为中心的教学模式有很大的不同，强调以学生为中心，提倡学生在教师指导下的自主学习。要改变学生的学习方式，首先要求教师的教育观念和教学行为必须加以转变，这是开展研究式学习的前提。为此，教师需要重新调整自己的角色，与学生建立平等的关系，为学生创设宽松、自由、民主、协作的学习环境，这是取得良好学习效果的保证。教师首先要把学生置于学习的主体地位，树立服务于学生的意识，创设能够引导学生主动参与的学习环境，激发学生的学习积极性。教师备课过程中也应该时时想着学生，从学生的水平、视角出发设计问题，引导学生开展学习研究。研究式学习对教师备课质量、内容要求更高，教师备课的重点是“备学生”而不是“备书本”。

研究式学习作为一种全新的教学和学习方法，其理论指导和实践内容是全新的教师和教学管理者都应该得到系统培训，让教师和教学管理者在教学理论、教学内容、教学方法及教学管理等方面得到全方位提升。从理论高度和客观情况出发，让教师和管理人员充分认识到了解、掌握、推广研究式学习的重要性和必要性。教育教师自觉主动地转变角色，从教学活动的主导者和包办者转换成教学活动的引导者和帮助者，从主角转向配角，从前台走向后台，为学习者服务，给学习者搭建自由发挥、自我控制、自我协调、自主学习的平台。

2. 学生的中心地位和自主学习

为了确保研究式学习的顺利进行，教学中要做到以学生为中心，并不断提高学生自主学习的能力。教师必须对学生有全面细致的了解，这样才能在学习过程中从各个层面为学生提供细致入微的引导和帮助，对学生的研究式学习给予充分的支持。

以笔者开设的旅游英语课程为例，这门面向旅游英语专业三年级学生开设的专业英语课程采用全英授课形式，以内容为依托，以英语为教学工具，以原版教材为核心教学内容。由于这门课程要求学生既要掌握旅游专业知识，又要提升他们的英语水平，因此学生面临着专业内容学习和外语学习的双重困难。课程讲授的初始阶段，学生中存在的畏难情绪较为突出。为了帮助学生应对课程初始阶段的困难与压力，笔者根据每一个章节的内容特点，设计出导读内容，对于较为抽象、专业性强或容易产生歧义的概念先进行详细的介绍与分析，帮助学生解决他们自己无法独立解决的学习困难。然后再布置需要研究的问题，开展小组学习，组织讨论。同时，笔者还会向学生推荐与研究问题相关的经典著作和重要文献，供学生研究学习，对课堂专业内容进行巩固与延伸。

在学习过程中，很多学生对自己的外语能力信心不足，害怕学习内容难度过大，担心学习材料中会遇到大量外语生词、句法结构复杂难懂等问题。了解到这一情况后，笔者利用第一、二两周的授课时间，首先对本门课程进行宏观介绍，把一些国际政治专业领域常用的、学生感到陌生的英语专业词汇、短语集中讲解，把国际政治理论常见的概念用英文加以介绍和分析，厘清彼此之间的关系。之后，笔者又选择一篇至两篇较有代表性的英文专业文章提前发给学生进行课下自主研读，留待下一次上课时围绕该文章的内容展开讨论。讨论的内容主要涉及“是什么”和“为什么”的问题。通过事先用英语对专业内容和相关概念进行了讲解和分析，使学生从专业知识和英语语言知识方面做好了准备，学生对于这门课程的畏难情绪明显减少，为接下来的课程学习铺平了道路。

上述学习和讨论也为了解学生的英语语言水平提供了很好的平台。笔者根据学生运用英语交际的能力和语言水平，把全班学生按照英语语言水平进行分组，确保每个小组的语言水平基本相近，各组内学生的语言水平高低达到基本平衡，这样做的好处是有利于后续自主性的研究学习顺利开展。可以说，研究式学习方式能否取得成功在很大程度上取决于教师对学生的了解程度。

以学生为中心，还体现在每一个学生在学习过程中受到关注与帮助。笔者在教学实践中发现，研究式学习方式适合小班授课。如果班级过大，学生数量过多，就难以保证每个学生都有平等机会参与到同一个教学内容的全部探究过程，容易在学生中形成“中心”和“边缘”地带。这是因为学生的语言和知识水平存在差异，好学生在学习中会表现得更加积极主动，这势必会造成水平较低、性格内向的学生成为研究式学习中的“看客”，使他们在研究式学习中被“边缘化”。如果把班级人数控制在合理的范围，这一情况就可能被避免。

3. 教学机制和学习资源的配套建设

研究式学习教学模式的推广和完善是一个系统工程，这一教学模式的确立不但需要任课教师的参与和投入，同时也需要学校其他管理部门的支持和配合。从课程体系的角度看，开展研究式学习要以研究式课程体系的确立为前提，因为研究式课程是研究式学习方式的载体。确立课程体系首先要明确研究式学习的首要目标是培养学生的创新意识和自主学习能力，强调知识学习的综合性、过程性、创新性和应用性。从教学评价的角度看，研究式学习需要建立配套的形成性和过程性评价体系，注重对学习者实际能力和综合素质的考查。

从研究式课程的内容看，课程提供的知识应具有交叉性、前瞻性和多元性等特点，这就要求教师具备丰富多元的知识结构，通常在精通一门专业的基础上还要再精通一门外语。而教学模式的多元性、开放性，则要求教师在内容选择、时空安排、资源配备、研究方法等方面要为学生提供更大的灵活度。可见，建构主义理念下的研究式教学对教师的素质和教学基本功提出了更高的要求。为了提高教师的综合素质与教学能力，要鼓励教师开展研究式学习的教学实践，聘请专家、学者对教师定期进行培训，挖掘多种渠道让教师走出校门，接触社会，接触生活，开阔眼界，掌握学科发展变化的前沿性信息，拓展研究式学习资源渠道。

建构主义理念下的研究式教学模式非常重视学习环境的创设和学习资源的开发，提倡信息技术与课程的整合。为此，教师要掌握相应的专业知识和现代信息技术，为学习者提供研究式学习所需要的情景资源、信息资源、研究手段。在研究式学习的教学过程中，教师要具有信息安全意识，注意引导学习者区分信息的优劣，取其精华、去其糟粕，抵制网络和媒体可能对学生造成的不良影响。信息化的教学需要现代科技的支持，而校园网络、多媒体和计算机系统等硬件学习条件的创造，需要学校教学管理部门的配合与支持。此外，教学管理者应该从教学目标、教学模式和评价体系等方面推进教学改革，制定相应的考核、奖励机制，鼓励教师进修学习，更新专业与相关技术知识。教学管理者应该具有可持续发展的眼光，和在职教师协商制订周全详尽切实可行的进修学习计划，尤其要积极倡导和鼓励教师开展跨学科学习，提高教师的教学科研水平与综合素养，以适应研究式学习过程中不断出现的新需求，使教师能够在教学中为每一位学习者提供科学正确的引导和帮助。

总的说来，面向非英语专业学生开设专业英语课程，是高等教育改革的一项重要内容和发展趋势，顺应了经济全球化和高等教育国际化的要求。它既是大学专业课程国际化的一种形式，也可以被看作对大学英语教学模式的革新与发展。目前，英语作为国际通用语的作用日益显示出来，开设专业英语课程的目的就是将专业内容的学习和外语学习有效结合起来。通过学习原版教材和专业领域相关的英文资料，为学生提供接触专业英语的平台，使学生了解专业前沿学科的发展状态，同时也增强英语的实际运用能力。以专业内容为依托、以英语为媒介语的学习方式，能够有效帮助学生掌握搜集和利用第一手研究资料的方法，开阔学术视野，培养创新思维，提高思辨能力，发展自主学习能力，并最终使他们成长为社会需要的复合型、创新型、高素质的国际化人才。

第四章　信息化背景下英语教学方法改革创新

第一节　教学方法概述

一、教学方法的定义

（一）定义

教学方法是教育者和学习者为了完成一定的教学目标和任务，运用一定的教学方式和教学手段而形成的教与学的活动途径和步骤。由于时代、社会背景、文化氛围的不同，研究者研究问题的角度和差异，使得中外不同时期的教学理论研究者对“教学方法”概念的解说不尽相同。国内外学者对教学方法有不同的解释，归纳起来大致有三个角度。第一，从广义或宏观的角度，把教学方法看作教学活动方式的总和。如“教学方法是指教师和学生在教学过程中，为达到一定的教学目的，根据特定的教学内容，共同进行一系列活动的方法、方式、步骤、手段和技术的总和”。第二，从行为动作的角度，把教学方法看作教师和学生的行为方式或工作方式。如“任何教学方法都是教师的一整套有目的的动作，教师通过这些动作组织学生进行认识活动和实践活动，使学生掌握教学内容，从而达到教学目的”。第三，从媒体或材料应用的角度，把教学方法看作应用媒体进行教学的方法。如“教学方法是教师为达到教学目的而组织和使用教学技术、教材、教具和教学辅助材料，以促进学生按照要求进行学习的方法”。

（二）教学方法的内在本质特征

教学方法是教学过程中教师与学生为实现教学目的和教学任务要求，在教学活动中所采取的行为方式的总称。教学方法的内在本质特点如下：首先，教学方法体现了特定的教育和教学的价值观念，它指向实现特定的教学目标要求。其次，教学方法受到特定的教学内容的制约。最后，教学方法受到具体的教学组织形式的影响和制约。

（三）教学方法的理解

对教学方法可以从以下三个方面来理解：

1. 从方法论角度来看

教学方法是指具体应用的方法，从属于教学方法论，是教学方法论的一个层面。教学方法论由教学方法指导思想、基本方法、具体方法和教学方式四个层面组成。教学方法包括教师教的方法（教授法）和学生学的方法（学习方法）两大方面，是教授方法与学习方法的统一。教授法必须依据学习法，否则便会因缺乏针对性和可行性而不能有效地达到预期目的。但由于教师在教学过程中处于主导地位，所以在教法与学法中，教法处于主导地位。

2. 从与教学方法密切相关的概念来看

教学方式和教学手段是构成教学方法的要素，不能将它们等同于教学方法，也不可将教学模式与教学方法混为一谈。一种教学模式是由多种教学方法组成的，教学方法必须依据一定的教学理论，指向一定的目标，应用具体可操作的程序或一系列可操作的环节，解决一定的问题。

教学方法与教学方式：教学方法不同于教学方式，但与教学方式有着密切的联系。一方面，教学方式是构成教学方法的手段，是运用各种教学方法的技术。任何一种教学方法都由一系列的教学方式组成，可以分解为多种教学方式；另一方面，教学方法是一连串有目的的活动，能独立完成某项教学任务，而教学方式只被运用于教学方法中，并为促成教学方法所要完成的教学任务服务，其本身不能完成某项教学任务。

教学方法与教学模式：教学模式是在一定教学思想指导下建立起来的为完成某一教学课题而运用的比较稳定的教学方法的程序及策略体系，它由若干个有固定程序的教学方法组成。每种教学模式都有自己的指导思想，具有独特的功能。它们对教学方法的运用，对教学实践的发展有很大影响。现代教学中最有代表性的教学模式是传授—接受模式和问题—发现模式。

3. 从教学方法间的共性来看

教学方法虽然有着不同的界定，但它们之间存在一定的共性：教学方法要服务于教学目的和教学任务的要求；教学方法是师生双方共同完成教学活动内容的手段；教学方法是教学活动中师生双方的行为体系。

二、教学方法的分类

古今中外的教学方法五花八门、名目繁多，对教学方法的分类也是众说纷纭、莫衷一是。因此，有必要将其做以分类，以便更好地分析、认识它们，掌握它们各自的特点、起作用的范围和条件，以及它们发展运动的规律。其实进行教学方法的分类就是把多种多样的教学方法，按照一定的规则或标准，将它们归属为一个有内在联系的体系。

（一）不同学者对教学方法的分类

巴班斯基依据对人活动的认识，认为教学活动包括这样三种成分，即知识信息活动的组织、个人活动的调整和活动过程的随机检查。他把教学划分为三大类：组织和自我组织学习认识活动的方法；激发学习和形成学习动机的方法；检查和自我检查教学效果的方法。威斯顿和格兰顿依据教师与学生交流的媒介和手段，把教学方法分为四大类：教师中心的方法，主要包括讲授、提问、论证等方法；相互作用的方法，包括全班讨论、小组讨论、同伴教学、小组设计等方法；个体化的方法，如程序教学、单元教学、独立设计、计算机教学等；实践的方法，包括现场和临床教学、实验室学习、角色扮演、模拟和游戏、练习等方法。我国学者李秉德教授按照教学方法的外部形态，以及相对应的这种形态下学生认识活动的特点，把中国的中小学教学活动中常用的教学方法分为五类：第一类是以语言传递信息为主的方法，包括讲授法、谈话法、讨论法和读书指导法等；第二类是以直接感知为主的方法，包括演示法和参观法等；第三类是以实际训练为主的方法，包括练习法、实验法和实习作业法；第四类是以欣赏活动为主的教学方法，包括陶冶法等；第五类是以引导探究为主的方法，如发现法和探究法等。

（二）我国常用教学方法分类

目前，我国中小学常用的教学方法常以学生认识活动的不同形态为依据，将教学方法分为以下几种：

（1）以语言传递为主，获得间接经验的教学方法，如讲授法、谈话法、讨论法、读书指导法等；通过直观演示，获得直接经验的教学方法，如演示法、参观法、现场教学法等。

（2）以实际训练形式，形成技能技巧的教学方法，如练习法、实习法、实验法等。

（3）以欣赏活动为主，获得情感态度技能的教学方法，如情境陶冶法。

这些教学方法之所以经常被采纳，主要是因为它们都有着重要的使用价值，对提高教学质量具有特定的功效。但任何教学方法都不是万能的，它需要教师切实把握各种常用教学方法的特点、作用、适用范围和条件，以及应注意的问题等，使其在教学实践中有效地发挥作用。

三、教学方法选择的基本标准与运用

（一）教学方法选择的基本标准

教学有法，但无定法，贵在得法。教学方法是连接师生双方的桥梁。从过去到现在，从传统到现代，人们创立了各种各样的教学方法。任何教学方法都是为实现教学目的服务的。教学方法与教学目的、教材内容、教学对象都有着内在联系。运用教学方法，实际上就是把教师、学生、教材内容有效地连接起来，使这些基本因素有效地发挥其各自的功能作用，从而通过所产生的教学效果，来实现教学目的。因此选择教学方法必须依据教学目的、教材内容、教学对象，还要依据教师本身的特点和素养条件。

1. 依据教学目标选择教学方法

不同领域或不同层次的教学目标的有效达成，要借助于相应的教学方法和技术。教师可依据具体的可操作性目标来选择和确定具体的教学方法。教学目标将教学的一般性任务具体化，是一个有着多种具体内容的目标群，既有知识信息方向的，也有认知技能、认知策略方向的等。每一方面的目标都应有与该目标相称的教学方法。不同的教学方法有不同的特点，没有一种能适应各种教学情况的最好的教学方法。

2. 根据学生的特征选择教学方法

学生特征直接制约着教师对教学方法的选择，这就要求教师能够科学而准确地研究分析学生的基本特征，有针对性地选择并运用相应的教学方法。学生特征主要指心理特征和知识基础特征两方面。学生的心理特征主要在于强调学生年龄差异造成的在心理发展水平上的差异。教学方法应该顾及不同年龄的不同心理特征。学生知识基础特征主要是考虑学生原有知识基础或认知结构，强调学生已掌握的知识及其认知方式对学习新知识的迁移作用。

3. 根据学科内容选择教学方法

不同学科的知识内容与学习要求不同；不同阶段、不同单元、不同课时的内容与要求也不一致，这些都要求教学方法的选择具有多样性和灵活性的特点。学科内容决定了一般教学方法在各门学科中的特殊形式。艺术性强的学科知识和科学性强的学科知识在教学方法上有着很大差别，这是因为通向这些知识的心理过程不同，而某些方法具有较强烈的学科特点。

4. 依据教师的自身素质选择教学方法

任何一种教学方法，只有适应了教师自身的素养条件，并能被教师充分理解和把握，才有可能在实际教学活动中有效地发挥其功能和作用。一般说来，教师往往使用那些掌握得比较好的教学方法，当然教师在实践中总会因自身某些方面的特点，并根据自己的实际优势，扬长避短，选择自己最适应的教学方法。

5. 依据教学环境条件选择教学方法

教师在选择教学方法时，要在时间条件允许的情况下，最大限度地运用和发挥教学环境条件的功能与作用。

（二）教学方法的有效运用

教师认真选择教学方法的目的，是要在实际教学活动中有效地运用。

1. 不断丰富和调整自己的教学方法

在教学实践活动中，每一种课型、每类问题，都有其自身的特点。教师在教学实践中，都不同程度地积累了自己富有实效的应对方法。这些方法也许是学来的，也许是自己创造的，但都有一个共同的优势，那就是适合自己的教学特点。选择什么样的教学方法要看它是否适合眼前的学生、是否符合新的教材和大纲要求，新的年级、其他班级的学生、别的教师等能否应用，不能用又将如何修改、调整，这些也是应用教学方法积累中必须要考虑的。

2. 积极吸取已有的教学方法

在教学实践活动中积极吸收先进的教学方法是每一个教师的愿望，目前在国内外，存在着大量的经过实践证明是行之有效的中小学教学方法，这些方法通过不断地应用并在实践中检验、论证，正日臻完善，如电化教学法、发现教学法、引探教学法、建构主义教学法等，与传统的教学法相比已有许多新的发展。根据自己教学实际的需要，吸取已有的教学方法为己用，是值得提倡的。应用中要注意遵从教学策略的要求，切忌简单机械地任意套用，要适合自己的实际条件。

3. 教学方法的组合

在教学活动中，一节课一个问题的解决，仅依靠一种方法往往难以完成任务。这就需要各种教学方法的搭配或有机组合。可以一法为主，多法相助，如利用演示法教学时应有谈话法作为补充，也可以用其他方法来补充某种方法的不足，如在进行长方体教学时，除需教师富于生动、形象和启发性的讲解外，在讲授中，还应该以教具演示做补充。在组合、搭配教学方法中往往存在着方法之间的矛盾，从而影响解决问题的效率。在具体的教学中，应使采用的多种方法构成有机的整体，以便更高效地解决问题，这就是已有教学方法的有机组合，也是形成教学策略的又一重要途径。

4. 对已有方法的改造

由于实际中的主客观条件不同，原有的教学方法可能无法实现教学目标，那么要想更有效地完成教学任务，就必须改变原有的教学方法。如在教学中，采用自学辅导教学法。这种方法是在教师的指导下，通过阅读教材的课文和例题，在已有知识的基础上通过自学、自练、自己批改作业等手段达到学习目的。如在素质较好的班级中，教师就可以大胆放手，让学生按规定目标，自觉进行学习并完成学习任务。这时可以是学生自学为主、教师指导为辅。而在较差的班级里，尤其是学生缺少自学经验的时候，教师就应改变自学为主的设计，以辅导为主，即使学生初步掌握了自学方法之后，也要伴随较多的指导与启发。

5. 其他学科教学方法的借鉴

在低年级数学教学中，考虑到刚上学的孩子，还习惯于幼儿园中凭借游戏学习的特点，有的教师采用了游戏教学法。尤其刚入学的小学生，他们对游戏教学这种把娱乐、探索和学习融为一体的学习方式颇有亲切感。实践证明，在小学低年级数学教学中，穿插一些游戏活动，对学生的学习十分有益，使学生在游戏中能主动地学习知识，发展自身素质。这便是一种方法的借鉴。在教学方法和教学手段的选择与运用上，应形成各科教学的有机结合，并相互借鉴和补充。教学活动中，不同学科、不同年级、不同风格的教师，均有各自的特点，但也有共同之处。所以，其他学科中富有实效的教学方法，完全有可能在自己的教学中应用。例如，很有影响的暗示教学法，过去只应用于英语教学中，近来有的老师将它引进数学教学，如乘法口诀教学，同样也取得了很好的效果。

6. 教学方法的创新

为了不断适应新的社会环境和新的教育观念，为了各学科知识体系的不断更新和教学条件的不断改善，教学方法也必须有新的发展。教学实践中，在充分吸取原有教学经验的基础上，我国小学教学方法改革在教学实践中取得了突出成果。这些新方法有一个共同的特点，就是充分调动学生的学习积极性，激发学生学习兴趣和求知欲，教学强调应该教学生如何学，促进学生个性的发展。

第二节 信息化教学方法概述

一、信息化教学方法的含义

信息化教学方法是教育者和学习者为达到一定目的，使用现代教育媒体形成的教与学的活动途径和步骤。信息化教学方法是教学方法体系的一个组成部分，与其他教学方法没有本质上的差别。但是，信息化教学方法强调媒体或信息技术手段的应用，是围绕现代教育媒体的应用而形成的方法。

信息化教学方法必须依靠现代教育媒体而展开工作，这是其区别于其他教学方法的特征。在信息化教学方法中，现代教育媒体的作用是多种多样的，在不同的教学环节其作用有大有小，但它们都是不可替代的。

信息化教学方法必须依据一定的教学理论展开工作，这是一切教学方法的共性。信息化教学方法不刻意追求某一种教学理论，各种现代教学理论对信息化教学方法都具有指导意义。此外，现代教育媒体的应用并不意味着信息化教学方法与现代教学理论就有了天然的联系，先进思想可以影响它，传统思想也可以影响它。从某种意义上而言，信息化教学更需要现代教学理论的指导。

信息化教学方法必须指向一定的目标，解决一定的问题。教学方法的应用要在教学目标的导向下进行，如果没有目标，教学方法也难以富有成效。

信息化教学方法有其结构。这一结构是根据教学的需要，应用现代教育媒体而形成的一系列步骤、环节和过程等。教学方法在实施中都要展开其步骤和环节等结构性因素，但是信息化教学方法的实施、现代教育媒体的应用会使这些结构性因素发生变化。如有些教学活动，在现代教育媒体的支持下，可以使教学双方的步骤非同步展开。

信息化教学方法来自两方面，其一是在原有的教学方法的基础上融合了现代教育媒体，使得这些方法有了新的特点，如在传统的讲授法的基础上结合了幻灯、电视等媒体的演播；其二是在运用现代教育媒体的基础上形成了新的教学方法。

二、信息化教学方法的分类

从不同的性质、特点出发，可把信息化教学方法分成不同的种类。分类的目的在于明确各种信息化教学方法的概念、特点，以便能够正确地选择运用。

（一）根据学科性质分类

按照学科性质的不同，信息化教学方法可分为语文信息化教学法、教学信息化教学法、物理信息化教学法、化学信息化教学法、地理信息化教学法等。学科信息化教学方法是研究信息化教学媒体在不同学科中的运用方法，主要是研究信息化教学媒体对不同学科内容的表现方法。

（二）根据媒体种类分类

信息化教学媒体丰富多样，不同的媒体在教学中各有不同的使用方法。据此分为幻灯投影教学法、广播录音教学法、电视教学法、电影教学法、计算机辅助教学法、语言实验室教学法等。媒体教学法的实质是研究各种不同的媒体在教学中的具体运用，包括运用的原则、环境、要求、具体方法等。

（三）根据媒体的教学属性分类

综合考察各种信息化教学媒体的教学属性、主要刺激的感觉器官、依据的教育教学理论等因素，信息化教学方法可分为媒体播放教学法、程序教学法、训练教学法、微型教学法、成绩考查法等。

（四）根据教学内容来分类

主要有以传授知识为主要目标的播放教学法和程序教学法、以训练学生技能为主要目标的微型教学法、以考查学生学习成绩为主要目标的成绩考查法。

三、信息化教学的基本方法

目前，在教学实践中可用的信息化教学方法多种多样。在信息化教学中，必定要将一定的信息化教学方法具体运用到各学科各课题，这就需要教师利用有限的几种基本教学方法，根据具体教学情况加以选择或综合运用，从而创造出适用于某一学科中某一课题的某一具体情景的具体教学方法。那么，面对可供选择的信息化教学的基本方法，我们究竟选用什么样的方法好，如何运用恰当的教学方法来帮助我们实现有效的信息化教学？这就要求我们充分了解这些方法，对它们进行具体的分析，并讨论这样一些问题：不同的信息化教学方法各有哪些特点？有哪些优势？由哪些具体活动组成？适用的范围和条件如何？当我们从这些方面对信息化教学的基本方法进行具体分析之后，就能较好地认识它，教师便可根据教学内容的不同、教学对象的差异、教学目标的区别、教学时间的松紧和自己的特长，选择、运用一种或几种基本教学方法创造出生动活泼的具体教学方法。下面围绕信息化教学方法的特点、优势、应用步骤、适用范围和条件等问题，介绍一些基本的信息化教学方法。

（一）讲授—演播法

讲授—演播法是将教师的讲授与播放媒体相结合的教学方法。这是课堂教学中最常见、最普遍的方法。教师的语言表达是进行教学信息传递的最基本的途径之一，讲授的方法具有悠久的历史。现代教育媒体的出现，给古老的讲授法增添了现代化的色彩。其特点是讲授、讲解能充分发挥教师语言表达的优势，渗透教师个人的语言特色和魅力，可以将知识的逻辑关系和结构系统地传授给学生，以较少的时间向学生传授更多的知识；而媒体的演播可以让学生看到和听到所学的事物和现象，拓展了学生认识客观世界的时间和空间。在教师口头讲授的同时，利用媒体手段把讲授中的难点和重点内容，尤其是抽象的内容加以表现，或给学生提供直观形象的内容，或给学生设置情景，使教师的讲授锦上添花，既增强了教师对信息的表达能力，也丰富了学生获得信息的学习形式。

讲授—演播法把讲授的特点与媒体播放的特点有机结合。现代教育媒体在讲授—演播法中主要扮演辅助教师讲授的角色，如呈现事物和现象的图像和声音、增加感性的材料、烘托课堂气氛、精练板书等。讲授—演播法既可以教师讲授为主，媒体的播放围绕讲授而展开；也可以媒体播放为主，讲授结合媒体的播放而进行。

讲授—演播法的应用步骤有多种，这里列举两个典型的步骤。

第一种典型步骤的具体活动内容：

（1）唤起回忆、引入课题：利用媒体展示事物的图像引出该事物的回忆，同时引入课题。

（2）提出问题、锁定任务：教师在对事物介绍的基础上提出问题，引出和锁定本节课的任务。

（3）进行活动、实现目标：教师播放媒体，让学生观看相关的视听内容，并指导学生阅读文字材料，通过思考、回答问题等一系列活动实现教学目标。

（4）总结完善：教师用投影片和概要、简练的语言进行总结。

第二种典型步骤的具体活动内容：

（1）引入课题：以媒体展示具体事物的形象，暴露问题，吸引学生的注意力到课题中来。

（2）转化概念：把形象的东西转化成抽象概念。

（3）学生活动：教师进一步提供新的材料，让学生进行思考、讨论等活动。

（4）教师总结：教师进行总结。

（5）概念应用：学生在新的情境中运用所学的概念解决问题。

讲授—演播法的适用范围和条件：讲授—演播法适用于教材系统性强的学科，适于传授和学习事实、现象、过程性的知识，而且较适用于中学和较高年级。使用这种方法需要教师有较强的语言表达能力和运用现代教育媒体的能力，并且要求学生有较高的学习自觉性和听讲的能力。

（二）程序教学法

程序教学起源于美国心理学家普莱西于1924年设计的第一架自动教学机器，形成于20世纪60年代斯金纳小步子直线式程序教学理论。程序教学的理论基础是斯金纳创立的操作性条件反射学说和强化理论。

程序教学方法就是在这种理论指引下组合和提供信息的一种特殊方法，是教师根据一定的教育学、心理学和教学理论，按照评定的教学对象的状况，把预先安排的教学内容分解为按一定严格的逻辑顺序排列的小单元，构成程序教材。通过一系列专门的问题和答案，然后通过教学机器由学习者操作显示的教学方法。它要求学习者及时反馈并立即决定是否进入下一个小单元的学习。实际上，程序教学可以理解为一种自学方法。每位学生都可以支配自己的学习进度。每一步都建立在前一步的基础上，并能在每一步之后都能得到及时强化。程序教学的特点是：在教学过程中，程序教学法的学生能够积极参与学习活动，思维始终处于高度活跃的状态；能充分发挥学生的主观能动性，使学生创造性地学习；人机交互中信息反馈及时，强化有力、指导有方、评判公正；不同的学习者可以自定步调，适应个人的学习进度，有利于个别化教学；对学习能力较低的学生来说是一种有效的学习方法；能有效地缩短学习时间；有良好的激励功能，增强学习信心。

程序教学的应用一般有以下几个步骤：

（1）程序材料（课件）设计。教师和程序设计人员根据需要，把内容与学习过程加以结合，设计有关程序化的教学材料（课件）的方案。

（2）程序材料（课件）编制。程序编制人员根据设计方案，编制程序化材料。

（3）生机对话交互学习。学生操作设备（计算机），与之对话，在程序教学材料的引导下进行学习。

（4）总结评价。最后，教师对程序学习的结果进行总结和评估。

程序教学特别适用于下列情况：帮助优等生学习一些教师因教学时间的限制而未能讲授的扩充性的学习内容，对学生进行补习性辅导；为学生提供预备性知识；要求标准化行为的教学；开设学校由于缺乏优秀教师而难以开设的课程；开展个别化训练。

同时，运用程序教学方法必须注意以下一些基本要求：

首先，选用或编制结构合理、配置适当的高质量的课件。一个好的课件应具有人工智能的属性，即在人机对话过程中，能从学生的应答反应了解其掌握知识的情况，从而做出有针对性的教学决策，以提高运用程序教学进行学习的效果。

其次，教会学生使用教学机器。在运用程序教材进行学习前，学生必须懂得计算机操作要领。因此，必须对学生进行事先培训。

再次，明确学习目的，与文字教材配合使用。应用过程中应有明确的学习目的，注意与传统文字教材结合起来，用程序教材学习要求学生有较高的自主精神和负责态度。

最后，注意与常规教学方法结合起来。程序教学虽有优点，但也存在着削弱师生之间、学生之间即时信息交往等方面的不足。因此，运用程序教学法时，必须与常规教学有机结合，使之相互补充、相互促进。例如，学生在使用程序教材学习之前，可在教师的引导下掌握所学内容的知识背景、基本概念、术语，理解学习目的和思路，然后学生通过上机练习，消化所学知识或形成技能等。

（三）问题教学法

问题教学法就是为启发学生的思维和培养其解决问题的能力，教师与学生围绕某个实际问题而使用的教学方法。它是一种以学生为中心的教学方法。问题教学法的核心是培养学生的思维能力。信息技术在这种教学方法中起着关键的支撑性作用，它被当作呈现问题情景，分析、解决问题的工具。

问题教学法的特点是教学过程中更加注重师生之间的关系处理，突显教师的辅助、引导的作用，通常以问题情境来组织教学，以此引发学生思考，促使学生运用知识，分析问题、解决问题，增强学生自主学习能力，同时借助信息技术工具，建立沟通协作渠道，促进人际交往能力和团队合作能力的提高。也就是说，问题教学法以学生为中心开展教学，以问题为教学驱动力，以小组为教学组织形式，通过过程性评价促使学生能力发展。

问题教学法的应用一般由以下几个步骤组成：

1. 创设情境、提出问题

教师充分利用各种信息技术，如借助多媒体教学系统，通过让学生观看相关影视资料、浏览相关网站等多种方式来提出引导性问题。把学生带入问题情景之中，针对问题情境，向学生布置任务；学生接受任务，回忆早期的经验、产生学习的动机和学习的责任感。

2. 分析问题、明确问题、组织分工

在教师的组织下，学生讨论解决问题的可能方法，教师帮助学生分析问题情境，理解问题的情节和情形，进一步找到问题的本质，并对问题进行界定、阐述。教师根据学生的兴趣和能力，将学生分组，分配学习任务，提供相关学习资源。

3. 探究发现、解决问题

教师向学生提供有关材料、参考资料等学习资源，同时学生通过各种途径，借助并利用信息技术，查找、收集与问题相关的信息资料；小组成员对

收集到的信息进行归类、整理、分析，然后相互交流，形成解决问题的方案。

4. 展示结果、进行评价

各小组以幻灯片等形式陈述、展示他们在解决问题过程中的计划和任务安排，完成任务的过程，解决问题的建议、主张；最后通过自评、学生互评、教师评价相结合的方式，以过程评价为主、终结性评价为辅，对学习成果进行评价。即各小组对各自的问题解决方案自我评价，小组之间对方案相互评价，教师评价每个小组的学习成果以及在整个问题解决过程中的方案方法的优劣，并向学生提出新的类似的问题，学生尝试解决新的问题等。

问题教学法的适用范围和条件：问题教学法的应用需要信息技术的支持，教师能通过信息技术工具创设问题情境，学生能够利用信息技术工具获取丰富的信息资源，师生之间能够利用信息技术搭建沟通交流的平台，这样才能保证其有效开展。问题教学法适用于教授各学科领域的概念、规律、理论等教学内容，适用于实践性强的教学内容。

（四）探究—发现法

探究—发现法就是在教师的安排和指导下，主要由学生借助现代教育媒体进行探索、发现问题，从而掌握知识的方法。教师借助现代教育媒体设置问题情景，提出促使学生思考的问题；学生利用现代教育媒体去搜集、查询有关信息，寻找问题的答案。这是一种以培养学生创新和实践能力为目的的教学方法。该方法的主旨在于在教学中不给学生提供现成的答案或结论，而是由教师提出问题或设置特定情境，刺激学生自我探索和发现问题，以类似科学研究的方法去获取知识和应用知识，从而掌握要学的知识，调动学生学习的积极性和主动性，培养学生发现问题、解决问题的能力。

探究—发现法的特点：探究—发现法是一个发现问题、提出问题和解决问题的学习活动过程。该方法学习者通过亲身活动提出问题、发现答案、解决问题，在探究活动中形成知识，获得的知识印象深刻、不容易忘记；可以发展学习者的分析、综合和评价等高级思维能力，培养发散性和创造性思维；

学习者能亲身发展科学知识，帮助他们更好地理解科学的本质。在此方法的应用中，体现的是做中学的思想，让学生自己主动学习，亲身实践，探究知识；教师只是提供指导；信息技术不再辅助教师讲授，而是帮助学生认知和探索世界。

探究—发现法的应用一般有以下几个步骤：

（1）教学准备。让学生了解探究—发现的基本技能，提出探索与发现的基本要求，让学生掌握进行探究与发现的工具，提供必要的信息检索指南、专业网站的地址等，使学生知道如何有效地进行探究与发现学习。

（2）设置情景、熟悉任务。教师进一步向学生提供有关需要探究或发现的问题情境，引导学生关注相关主题，并向学生提供必需的学习材料，以便让学生熟悉任务，进入问题情境之中。

（3）发现问题。学生在教师的要求和引导下，结合过去的知识和经验自行发现问题，确定探究的方向。

（4）搜集资料、解决问题。学生通过各种途径、形式自行搜集资料，如参考和实地考察、调查和采访、进行实验、查阅文献、观看影视录像、个案追踪分析等。搜集资料不是目的，而是了解事物的手段。进而学生应用现代教育媒体，如计算机网络等工具，自行搜集、加工整理资料，对搜集到的数据资源进行筛选、归类、统计、分析、比较，最后在教师的指导下，得出结论或答案，解决问题。

（5）反馈评价。对学生得出的结论或答案，教师要进行点评和总结。

探究—发现法的适用范围和条件：探究—发现法的应用需要教师具有较强的应变能力和运用现代教育媒体的能力，同时需要学生具有自主学习能力和信息技术应用能力，尤其是计算机和网络通信技术。有了这些条件保障，才能够激发学生的学习动机，引导学生，利用信息技术工具和手段，在自主学习环境中进行探究。探究—发现法适宜教授和学习概括性、规律性的知识，适用于对未知领域的问题探究，或对已有知识进行个性化的再认识。这种方法更适用于高年级的学生。

（五）微型教学法

微型教学法由美国斯坦福大学于 1963 年首创。微型教学法是指教师借助摄像、录像设备培养学生某种技能的教学方法。由于该方法是在小教室中对学生的某种技能进行培训，培训时间短、规模小，故称为微格教学或微型教学。微型教学法首先在教师培训上获得成功，其后被其他学科领域的技能训练纷纷采用，成为一种卓有成效的教学方法，被广泛地应用于各种职业技术训练上。它是让教学对象扮演一个职业角色，表演所要求的一系列活动，利用现代摄录设备记录这一过程，然后指导教师与角色扮演者一起观看重放的录像，进行分析评价，找出差距，再做同样的工作直到掌握所要求的职业技能为止。

微型教学法的应用有以下几个特点：人数少、易操作、微型化。由少数学习者 5 ~ 10 人组成“微型课堂”，以真实的学生或受训者的同学充当“模拟教师”和“模拟学生”，通过不断轮换，以保证每个学生都有充分的机会得到培训和单独指导，这样既容易操作，也可使课堂微型化。训练时间短，技能单一，目的明确，重点突出。在教学培训中把内容进行分解，将综合性的教学技能分解为一个个单一的技能，如提示的技能、演示的技能、板书的技能等。每次针对一种技能进行培训，培训目的明确，重点突出。被训练者利用 5 ~ 10 分钟的时间进行一段“微型课程”的教学实践，从中训练某一两项教学技能。借助媒体设备，展示范例，实时记录。在进行“微型课程”的教学实践过程中，利用电视摄、录像设备系统展示某技能的范例，供学生学习和模仿；也可在学生模仿训练时将实践过程记录下来。反馈及时准确，评价方式多样。完成训练后，通过视听系统重放已记录的内容，供师生点评分析，让学生及时得到反馈信息。评价方式可以是自我评价，也可以是他人评价。

微型教学法应用需要按一定的程序对学生进行特定教学技能的训练。微型教学包括如下几个基本步骤：

（1）确定训练目标，明确学习技能。要让学生教学活动开始前了解每一项技能的理论和方法，并掌握各个技能的执行程序和实施要求。通过多次实践、评价、修改，使技能趋于完善，并通过综合训练，形成技能。

（2）学习研究技能，观摩技能示范材料。在进行微型教学实践前，应先组织学生对各项技能的有关理论、方法程序、实施要求进行学习研究。并且通过播放反映某项技能的示范性录音、录像资料，使学生对教学技能的事实、观念、过程、操作程序有形象化的了解，使学习者获得技能模仿的样板，使训练目标和要求更加具体化。

（3）角色扮演，声像记录。要组成微型课堂，让学生进行角色扮演，被训练者实践一两项技能，模仿表演前面观察的技能，同时用电视摄录像设备录制被训练者的行为，以便能及时准确地反馈。

（4）重播录像，自我分析，讨论评价。实践活动完成后要重放录像，让被训练者以“第三者”的身份观察自己的行为，并找出不足。被训练者看过自己的实践录像后，首先要进行自我分析，检查实践过程是否达到了预定的目标。指导老师、评价人员、学生角色都要从各自的立场来评价实践过程，通过分析比较，肯定成绩，指出不足，以便改进。

（5）再实践，再改进。经过评价，已经达到基本要求的可进入下一技能的学习，实践新的教学技能；未达到要求的则需要根据反馈信息和教师的点评，做反复练习。

微型教学法适用的范围和条件：微型教学法是进行技能教学的有效方法。适用于教师教学技能的培训，也适用于艺术、体育等学科的技能或动作行为的教学。需要说明的是，这种教学方法需要在微型教学系统中实施。

（六）模拟训练法

模拟训练法就是利用现代教学媒体模拟自然现象、运动状态和过程或者是特定的工作环境而进行实验和训练，以揭示其规律的一种教学方法。

（1）模拟训练法的特点：

①突破教学条件限制，方便训练教学。由于受各种特定条件的限制，教学中不能用真实环境或事物进行实验或训练，需要用计算机等媒体模拟这些环境或事物，以便师生安全省时地进行训练教学。

②设备与媒体的广泛应用，丰富了模拟工作环境。模拟训练法最初是用机械装置模拟一种工作环境，如模拟汽车驾驶室，来培训驾驶技能。计算机被用于模拟训练后，与机械装置结合起来，大大地丰富了模拟的工作环境，

③应用信息技术手段，拓展训练类型。由于信息技术手段的应用，训练的类型也从单一变成了多样化。模拟训练法大致有操作性训练、工作情景训练、实验情景训练、研究方法的训练四种类型。

（2）模拟训练法的适用范围和条件：运用该方法要提供可供仿效的适合学生发展的教学信息；要使学生进行仿效训练或亲自操作；要面向全体学生；教师应做好引导，及时分析评价，明辨正误，分析原因，找出最佳思路和方法；要正确处理模拟教学法与常规实验法、演示法、参观考察法的关系，在条件允许的情况下，要使它们有机结合起来，以利取长补短；要引导学生抓住事物的本质等。

第三节　信息化背景下英语教学方法的创新

在新的大学英语课程教学要求中，现代信息技术的大量应用是新教学模式的一大特点，而在近些年大学英语教学方法与教育技术结合的发展中，多媒体技术最令人瞩目，也是应用最广泛的。随着多媒体的发展与其在教育学中的渗透，多媒体技术在大学英语教学中体现出了独特的价值，并得到广泛的运用，使大学英语教学的广度、深度和灵活度都大大增强，推动了教学方

法以至教学理念的更新。以计算机为核心的多媒体教室、语言实验室、网络教室、自主学习中心和校园网络等，为大学英语教学构建了良好的教学环境。在教学实践中，课堂内外多媒体手段和资源的使用，丰富了教学的层次，提升了学生的兴趣。目前许多院校的硬件设施大大改善，多媒体技术也越来越广泛地应用在英语教学中，多媒体技术在英语教学中的使用和推广已是大势所趋。但不可否认的是，多媒体与大学英语教学的结合仍可进一步深化与创新，使大学英语教学掌握更丰富与更有效的方法和手段。

一、网络教学法

（一）网络教学法的含义

网络教学法是一种包括了新的传播媒介以及人与人之间的交互作用的教学方法。这些新的沟通媒介是指计算机网络、多媒体、专业内容网站、信息检索、电子图书馆、远程教育和网上课堂等。网络教学具有三大要素：一是网络环境，即所谓的信息技术学习环境；二是网络资源，即经过数字化处理，可在多媒体或网络环境下运行的教学材料；三是网络模式，即利用信息技术，通过对资源的收集利用，发现知识、探究知识、展示知识及创造知识的学习模式。

网络教学法下采用的教学方法是基于建构主义教育心理学理论的，“建构主义理论”为我们开发大学英语网络课程奠定了理论基础。“建构主义理论认为，知识不是通过教师的传授得到的，而是学习者在一定的社会文化背景下（一定的情境），借助他人（教师和学习伙伴）的帮助，利用必要的学习资源，通过意义建构的方式获得的”。同时，建构主义理论还强调以学生为中心，认为学生是认知的主体，是信息加工的主体，是知识意义的主动建构者，教师的作用应由知识的传授者、灌输者转变为学生主动建构意义的帮助者和促进者。

（二）网络教学法的构成

笔者认为网络教学可以实施以实时传播、资源检索、课程测试、教学论坛及休息娱乐几个模块构成的具体形式，分述如下：

（1）“实时传播”为教、学者搭建了在线交流的平台，构建自主学习的语言环境，类似于网上“英语角”，学习者可以和教师围绕一个主题的若干部分，融听、说、读、写为一体，开展课堂内外相结合的相关教学，达到知识构建的目的。

（2）“资源检索”为学生提供大量的学习资源，包括语言应用及各种考试资料等内容，学习者可以根据各自不同的学习目的找到自己所需要的资源。

（3）“课程测试”是教师针对学生而设计的通过在线网络进行自我检测相关课程自主学习效果的模拟考试形式。

（4）“教学论坛”是学习者进行交流学习内容与学习方法，以及教师为学习者答疑的交流平台。教师和学习者都可以进行留言，对学习过程中遇到的问题进行讨论与交流。

（5）“休息娱乐”是教师为学习者提供的一些优秀的外文影视、文学作品或者一些与外语相关的笑话、游戏等，可以让学习者在学习之余体验英语文化，放松心情。

由于网络资源过于丰富，良莠不齐，教师还应当在学生网络学习的过程中进行适当的管理，教师可以通过学习者的网络学习的情况对其进行有效的监督。

（三）网络教学法的特点

网络教学为学习者提供了个性化的学习条件，网络教学软件也能为不同层次、不同类型的学习者提供各自的需求空间，能针对不同的学习者选用不同的教学内容、教学手段以及检测评估系统，充分实现个性化学习的目的，利用网络技术，使教师对学习者课外学习情况的了解与监督变成了可能。同时，在网络上有针对性地辅导，更能满足学习者的个性化需求及学习兴趣，避免了僵化的统一管理模式。另外，笔者认为网络教学还具有如下显著特点：

1. 网络教学提供了异常丰富的教学资源的共享

网络技术实现了世界范围内的资源共享，地球变小了，人与人之间的距离拉近了，交流沟通变得更迅捷了。网络教学使简便地寻找到丰富的教学资源成为可能，从天文地理到体育娱乐，从文化教育、政治历史到科学技术等，无所不包，为英语学习者提供了大量的教学资源。教学可以不再受时间和地域的限制，教育资源缺乏的地区也能借助网络享受同样的教育。

2. 激发了学生学习英语的兴趣

学习是主动的过程，兴趣是最好的老师和助推剂，网络教学中的多种媒介功能的集合，变传统教材的呆板为信息技术的生动。通过图像、文字、声音、动画等，学习者在网络教学提供的英语环境下能主动积极地去寻找感兴趣的教学资源，提高了学习的趣味性和主动性。

3. 网络教学营造了开放的学习环境和自主的学习氛围

网络教学为学生提供了一种新的学习模式，使学生在自己愿意的时间、地点以自己乐见的方式学习。信息网络不受时间地域的限制，向所有学习者开放，丰富的网络资源为学习者提供了传统教学难以企及的英语语言环境，同时由于网络教学的自身特点，便于学习者结合自身情况自主学习，学习者在网上可以自由进行双向、多渠道交流。

4. 有利于新型师生关系的建立

教学过程是教与学的结合。自主式教学模式的建立，需要变“以教师为中心”为“以学生为中心”，同时建立新型的师生关系。学生不再是被动的接受者，变被动学习为主动求学。教师也不再只是知识的传授者，还应当是教学活动的组织者、管理者、促进者。师生之间通过网络这个先进技术的平台，除了完成知识的传承之外，还可以进行学习能力的交流，亦师亦友，同时也构建起更为和谐的师生关系。

二、微课

（一）微课的含义

微课，顾名思义就是微课程的简称，它是基于教学资源、学生、教师等以某一个主题为模块组织起来的小规模的课程教学过程。微课的形式主要是以视频为主，教师利用几分钟的时间围绕某个知识点或者教学环节录制教学视频从而对学生开展教学活动。总的来说，微课就是在传统日常教学基础上发展起来的一种新型的教学资源。其课程特点是具有一定的控制性，能使学生和教师在短时间内集中解决某一特定的教学行为，或在有控制的条件下进行学习。这样的教学适合当前人们的学习环境及学习习惯，有助于实现教学现代化。

微课教学的推广需要信息化发展作为保障。笔者认为影响微课发展的因素主要有两个方面，一是教师，二是学生。对教师来讲要制作微课是需要一定的技术保障的。由于大部分教师都不是相关专业教师，所以对拍摄视频等技术不能很好地掌握。然而，由于信息时代的到来，微课拍摄与制作在硬件和软件上均取得了重要突破。录屏软件录制、摄像工具录制、录播教室录制、专业演播室制作、智能笔录制、专用软件录制等一系列微课制作工具的研发与利用充分满足了教师日常录制微课的技术要求，从而解决了教师在微课制作上的技术难关。对学生而言，要接触到微课就必须有信息化设备，而当前随着电脑、平板设备、智能手机等移动设备的普及，学生可以随时随地打开自己的移动设备去进行微课的学习，从而解决了学生在学习微课方面的硬件问题，有助于推动微课的发展。

（二）微课教学的特点

首先，微课教学的“微”字就体现了其容量“小”的模式特点。在微课教学中，课程内容主要是针对教师在教学过程中的一些比较重点的细小问题来进行讲解的。我们可以以英语语法为例，在传统的教学当中教师往往会把一个语法从上到下相关的所有内容在一节课上进行讲授，这就造成了学生的乏味感，而微课教学的内容就不尽相同了，它并不是对某一个语法点进行长篇大论，而是将这个语法点里面最重点、最实用的知识点进行提取，再以微课的形式向学生传授。这样的教学特点更能体现出一个知识点的深度而非广度。学生如果利用这样的教学方法进行学习，可以更深层次地理解某一个语法问题。同时，由于几节课的教学容量较小，所以避免了学生觉得太长而听不下去的问题。

其次，微课教学讲究的是教学内容要灵活，即在微课教学内容的选取范围相对广泛，内容相对集中。这样的特点对于大学英语的教学也是非常有用的。由于教学内容的选取具有广泛性，在教学当中教师可以对大学英语里面多个内容知识进行选取。这就避免了在传统教学中的课程单一性的问题。学生在微课学习中可以选取自己感兴趣的知识点进行学习，在短时间内可以接触到不同的话题，这种多样性也会激发学生的学习兴趣。同时，教师也可以利用微课教学形式与学生共同探讨研究某两个问题，这样学生也在某种程度上参与到了教育教学的过程当中，从某种程度上使学生对于大学英语的学习兴趣大大增强。

最后，微课教学具有选题“务实”的模式特点。首先，微课教学的选题不会像课本一样一定要按照某一脉络进行选题，它的选题往往立足于当前的社会需求及热点问题，选题贴近学校、贴近教师、贴近当代的教育教学实际。换句话说，社会需要什么，学生对什么课题感兴趣，微课教学的内容就可以选取什么。试想一下，如果大学英语的教学内容都是学生感兴趣、愿意听的内容，那么学生还有理由不去学好大学英语吗？其次，微课教学在研究过程上也比较“务实”。微课教学的一个指导思想就是，在实践中产生的问题要在实践中解决，它强调的是在教学中进行研究，在研究中进行教学，并不像传统教学那样游离于教育教学实践活动之外。在大学英语教学中，这个特点可以大大提高学生在英语学习过程中的参与度，学生可以从自己的实践中提炼自己的经验，让自己的经验体现自己的特点，从而提高他们对大学英语的学习热情。

第五章　大数据时代高校英语教学的理论研究

第一节　大数据时代高校英语教学改革

现阶段人类社会迎来了大数据时代，教育大数据的到来给目前高校英语教学造成了很大的冲击和影响，与此同时也给高校的英语教学带来了一定的机遇。因此，高校英语教学应该顺应时代的发展，积极探索改革路径。

近年来，我国的信息技术在快速发展，互联网已经渗透到各行各业，人们的生活、学习和工作已经离不开互联网，而互联网、物联网以及社交网络的介入让数据的增长速度越来越快，大数据时代已经全面到来。在大数据时代，人们的生活、文化和经济都受到了巨大的影响，充分地挖掘和利用大数据是当前人们关注的热点问题。教育行业也是一样，在大数据时代背景下，教育行业也面临着改革。

随着信息产业和互联网的不断发展，各种数据的增长速度越来越快，人们的生活被各种数据充斥，海量的数据被充分挖掘和利用以促进各行各业的发展，其构成了大数据时代的基本要素。在大数据时代背景下，人们的思维方式和生活方式都发生了巨大的转变。大数据时代表现出其独有的特征，其具有更大的数据容量、更多的数据种类，并且数据的生成速度更加快速，往往在一瞬间就生成了大量的数据。大数据时代的数据价值密度更加分散，正是由于数据太过庞大，而其中具有重要价值数据所占的比例比较小，数据价值密度更加分散，这使人们对有价值的大数据挖掘和利用的难度也增加了。除此之外，在大数据时代，大数据的呈现方式为可视化，人们可以通过直观的方式来观看和掌握大数据的变化。大数据时代的这些特征转变了人们的生活方式和思维方式。大数据时代的数据非常庞大和繁多，整体大于离散，海量数据总体的特性要比离散的特性更大，并且各种数据混杂，人们要想掌握事物总体的发展趋势，就要接收混杂的数据信息，而非一味地追求精确。大数据时代海量的数据在流通，人们更容易获取各种数据，而这就为高校的英语教学提供了新的平台，在大数据时代背景下，高校应该正确使用这一平台来促进英语教学的改革和创新。

一、教育大数据对高校英语教学的影响

教育大数据对高校的英语教学造成了强烈的冲击，成为高校英语教学改革的重要力量。从以往的高校英语教学来看，人们常常通过专家评判来判断一堂英语课的质量，从教师的课堂环节设计是否合理、各个环节之间的关联是否有逻辑性、教学活动的设计和教学目标是否契合、课堂上提出的问题是否有效等方面来评判一堂英语课是否成功。这种评判方式虽然看起来非常合理和科学，却缺乏对学生上课体验和感受的重视，一般是专家结合自己的经验来对学生的体验进行假想，总的来说往往忽视了学生的情感体验，而学生才是课堂的主体。要真正了解学生的听课效果，还需要采用可靠的数据和技术来进行分析和评判。教育大数据时代的到来取代了专家的评课，其以实实在在的数据来对每一节课的质量进行分析，教师的每一堂课以及学生的听课都会生成相关的数据，而通过对这些数据的分析，就能够了解教师的授课水平，也能够把握学生的听课效果，了解学生对课程的喜欢程度。大数据让学生的听课感受得到显现和量化，能够更加清晰地分析学生的课堂需求和对课程的学习态度，然后从学生的实际需求出发来对教学方式进行改革和创新，以取得更有效的教学效果。

二、大数据时代高校英语教学的改革途径

（一）将课上数据和课下数据融合来革新教学理念

大数据时代要想对高校的英语教学进行改革，首要的任务就是将课上的数据和课下的数据有效地融合来对英语教学的教学理念和教学思维进行革新。现阶段，大数据充斥着整个教育领域，课堂上教师的行为、语言以及学生的动态行为等都可以转化为数据，而这些数据都可以利用起来，为教学改革提供参考。但是仅仅依靠课堂上学生的行为和语言往往难以准确、全面地分析学生的成绩以及对英语课程的态度。除此之外，还要充分利用课下数据，加强对学生日常活动提供数据的分析。例如，可以收集学生访问网络的数据分布来分析学生在线学习的行为，包括学生在课后是否会访问英语相关的学习网站、一般访问哪种类型的学习网站、在学习网站上停留的时间等，进行数据采集，并对相关的数据进行分析，同时实现课堂上及课后数据的采集分析，对学生进行多角度和多层面的评估，以此来帮助教师更全面、准确地了解学生的喜好，把握学生的英语学习态度、英语学习兴趣以及英语学习风格等，为课堂教学活动的设计提供参考。

（二）实现教学资源的立体多元化转变

在传统的高校英语教学中，课堂教学内容主要以教材上的资源为主，教学资源比较单一，并且非常有限，英语教学倾向于各种机械训练，教师不注重学习资源输入的多样化。在这种教学模式下，学生的学习效果往往难以得到有效提升，学生的学习主动性受到严重打击，并且英语应用能力也难以得到显著提升。而在大数据时代背景下，教师可以充分利用网络上的各种数据和资源来丰富英语学习资源，使学生的英语学习资源多样化，拓展学生的视野，让学生多学习课本以外的知识，还能够有效地激发学生的英语学习积极性，培养学生良好的英语学习兴趣。大数据时代，教师可以将大数据库中的影音、数据、图像等学习资源灵活巧妙地融入英语教学中，通过多样化的学

习资源呈现方式来吸引学生的注意，激发学生的兴趣。总之，大数据时代让高校英语的教学资源更加丰富，学生不仅能够从教材中学习到固定的资源，同时还能够利用互联网学习更多的英语国家本土文化，并且可以通过视频、音频、图片等多种方式获取资源，促进高校英语教学和社会的有效结合，以此来拓展自己的学习手段。

（三）实现多种教学模式的应用

在以往的高校英语教学中，教师一般采用传统教学模式来开展英语教学，教师在讲台上讲解相关的知识，学生在座位上听讲，这种教学模式存在多种弊端。而大数据时代背景下出现了各种新的教学模式，主要包括翻转课堂、微课和慕课等，教师可以灵活地将多种教学模式应用到英语教学中，以此来改革英语教学模式，营造现代化的高校英语教学课堂。翻转课堂、微课和慕课是大数据变革教育的重要体现，这些教学平台可以通过海量的数据将学生集合在一个课堂上，促进师生之间以及学生之间的有效互动，同时也能够实现学生和机器人的互动。在大数据时代，高校英语教师应充分利用各种高效的技术手段和多种教学平台。从实际情况来看，使用大数据来支持多媒体教学的英语教学已经占据很大的比例，而充分利用大数据来开展英语教学能够吸引学生的注意，激发学生的兴趣，让学生对更具有活力和更新鲜的大数据支持下的教学模式保持高涨的热情，而这也是高校英语教学的重点内容。

高校英语教师应该学会利用各种教学工具和模式为自己的英语教学提供帮助。高校英语教学的目标只有一个，那就是要帮助学生熟练掌握英语这门语言。而要实现这个目标，教师必须利用一切可以利用的资源和教学工具，法无定法，目的只有一个，就是教会学生掌握真正的英语本领。世界上最高的学问不是学问本身，而是使用学问的学问。教师要让学生充分认识到英语是一门实用性比较强的语言，需要在现实中经常使用，才能真正掌握这门语言。

（四）整合数据实现个性化教育

大数据时代，高校英语教师还可以整合相关大数据来实现对学生的个性化教育。在大数据的英语教学中，人们对每一个学生不再采用平均的标准来衡量，教师也不能简单地应用平均水准来教学，而是应该关注个体，实现教学个性化。现有的高校英语教学是以一个班级为单位来进行的，个体需要服从群体，习惯采用平均数来教学。而大数据能够帮助教师了解学生更多、更准确的细节，将每一个学生的学习轨迹都记录下来，加强对每一个学生学习行为的分析，从而预测学生的学习难点，并针对个体提出对应的解决方案，这样就能够实现每一个学生的个性化学习，真正做到因材施教，确保每一个学生都能够得到提升和进步。

每个学生都有自己独特的地方，高校英语教师应该充分发挥他们的特长。以前由于技术的限制，高校英语教师不能很好地实施自己的个性化教育和教学。大数据时代，教师完全可以利用大数据的优势，发掘每一位学生的优势和不足，根据每一位学生的具体情况制定相应的个性化档案，以确保每位学生都能在自己原有的基础上取得进步，而不是在课堂上浪费自己的时间，学习自己已经掌握的英语知识，那样的学习是没有效率可言的。

现阶段，人类社会已经迎来了大数据时代，教育大数据对高校英语教学带来了重大的影响，给高校英语教学改革提供了重要的途径。在大数据时代，应该充分地挖掘并利用大数据，将课上数据和课下数据融合来革新教学理念，并实现教学资源的立体多元化转变，不断地丰富英语教学资源，将慕课、翻转课堂及微课等基于大数据支持的教学模式灵活应用到英语教学中，丰富教学模式和教学手段，提高教学质量。除此之外，还可以通过整合各种数据来实现对学生的个性化教育，从而真正做到因材施教。

第二节　大数据时代高校英语翻转课堂教学模式

大数据时代信息技术迅猛发展，颠覆了传统的教学模式。通过互联网与精确化数据，课程改革与新技术不断寻求整合，产生了较好的教学效果。作为一种新兴的教学模式，大学英语翻转课堂教学具有独特的优势，同时在运用过程中也显现出一些问题。本节基于大数据视角，阐述了大学英语翻转课堂模式及特征，对比了翻转课堂模式融入高校英语教学的优缺点以及线上网络学习资源现状和大学英语教师角色转变的问题，最后从学生、学校和教师三个角度探究了优化高校英语翻转课堂教学质量的对策与建议。

随着互联网的普及，智能化、数字化技术与教育领域深度融合，翻转课堂教学模式应运而生。作为一种新型的授课模式，其在大学课堂教学中的应用广泛。传统高校英语的教学质量始终参差不齐，教学效果难以有重大进展和突破。在大数据时代背景下，翻转课堂符合时代特征和要求，教学资源更加丰富，分享机制日趋健全，尤其是在学校的大力支持下以及成熟网络技术条件的保障下，能够充分赋予学生的学习自主权和探究权，凸显了双向性、民主性和交流性，带来了全新的教学体验，最终实现知识的全面内化。

一、大数据背景下高校英语教师转变角色的必要性

现阶段，高校英语教师的教学定位。目前，大多数高校英语教师拥有课堂的绝对主导权，以教师直接讲授为主，学生处于被动的地位。教师作为教材的跟从者和演示者，英语教学模式单一，网络技术应用不纯熟，按部就班地讲解课本，很少会为学生补充感兴趣的内容。教师是课堂的主讲人，久而久之成了知识的传输者和讲解者，学生在单调的语言环境下，难以身临其境地进入自己思考的空间，对待差异化学情也无法实现量体裁衣。在课堂活动

的组织过程中，甚至还在延续板书、录音机和幻灯片等有限的固化模式，不仅缺乏氛围，还会让学生产生倦怠感，记忆和学习效果自然差强人意。而在作业本和试卷的评价环节，传统发布指令者的方式，规划性和效率都难以保证。

翻转课堂下教师逐渐转变角色定位的紧迫性。由于高校英语教师教学定位存在诸多不足，导致教师的主体性过强，主要体现在专业知识和系统教育的灌输，学生个性化创造力的开发教育受到制约，统一模式的推进无法做到因材施教。同时教师偏重知识传授，程序性知识相对较少，创新意识与时代发展日渐脱离。此外评价标准单一，依然延续应试教育的约束，导致学生实践能力严重不足。尤其是对新技术应用缺乏深度认知，新型教学模式不够普及，使得教育的定义被锁定，教学活动的开展没有综合考虑学生的需求以及就业。

二、大学英语翻转课堂模式

翻转课堂的内涵及特点。众多学者对翻转课堂的诠释并不统一，主要来源于表达方式和界定角度的不同，但实质上来讲，翻转课堂的内涵以及实施过程却趋于一致。一方面，学习知识到内化知识的流程依然是主旋律，无论如何创新，翻转的是结构而不是流程；另一方面，在师生角色的转化过程中，教师向引导者身份转变，而学生的主体地位得到了很好的诠释，积极主动的学习成为常态，师生课堂交流、互动进一步深化。翻转课堂与微课等网络教育模式不同，学生吸收知识依然需要课堂交流互动得以保障。

翻转课堂颠覆了传统教学模式，重新规划了课堂内外的时间。首先遵循以学生为中心的原则，对学生的基础情况进行摸查，制作开发和选择相应的教学资源，学生通过课前自主学习的方式，开展交互式学习机制，形成了个性化学习氛围，以网络信息平台为基础，依托课堂展示学习成果，有效地利用现代信息技术的价值和优势辅助学生完成知识内化。师生角色和职能的转变，对于培养学生自主学习能力极为有利，不仅符合语言教学的趋势和实际需求，而且学生的积极性将会极大增加。

翻转课堂教学流程。翻转课堂教学模式的共性在于可以按照时间维度和空间维度进行划分，其中前者包括课前和课中或课下和课上，而后者则覆盖网络自学或面授方式。在颠覆传统的课堂教学氛围下，学生事先借助网络平台或移动终端的智能学习工具进行自主化学习，之后在课堂上教师根据学生集中出现的问题组织合理的教学方式开展协作化教学，同时兼顾答疑和成果展示，最后完成后续跟进的评价和反馈。其中，学生自主学习的重要性不言而喻，需要学生具有很强的自律性，当然教学资源要能够引起学生的兴趣和共鸣，充分考虑学生的需求，将学生作为整个课堂的中心。

三、翻转课堂教学应用于高校英语教学的机遇与挑战

优势分析。翻转课堂教学模式的知识呈现方式更加新颖，利用微视频、微课件结合新知识资源，不仅更加灵活和个性化，而且精选或精心制作的课件可以有效地激发学生的学习兴趣，而且教师重复教学负担得到了有效缓解；由于教学以学生为中心，因此形成了协作式课堂学习活动的新机制，潜移默化地提升了学生的实践与创新能力，提供了更加充裕的个性化学习创造力条件；基于翻转课堂教学模式的教学特点分析，知识的传授主要在课前实施，在相对自由的学习环境下，既可以满足学生的个性化学习体验，同时还可以助力大学生自我调控能力的生成，而且可以同步咨询求助或搜索问题的难点。此外大学英语教师综合素质较高，信息技术应用能力也是出类拔萃，拥有良好的互联网信息技术、网络教学资源开发以及快速接受新兴事物的能力。

劣势分析。翻转课堂在我国高校应用和推广的时间并不长，尤其是在英语教学当中大范围应用并未取得广泛的实践经验成果。这一方面源自教学视频选择与制作具有不同程度的难点，需要高成本的支撑。而且本身授课对象就是大学生群体，翻转课堂内容及制作与教学的相关性较小、简单的教学视频学生不认可，高质量具有特色、实效的系统教学视频又要花费较长的时间

和精力，需要团队协作支持。另一方面，翻转课堂教学模式与高校英语教学的兼容性依然有待进一步的研究和总结。英语学科属于文科类，考虑本学科知识的系统性与结构性，微视频的制作与其他理科类课程相比还存在一定的差距，如何设定翻转课堂的比重以及制作何种类型的微视频，都需要在借鉴过程中遵循本身的特点，不断地尝试和改进。

机遇与挑战。高等教育信息化是社会发展的必然趋势，而且一系列相关教育政策法规的出台，也表明了国家对教育领域应用互联网技术的重视和决心。解读《教育信息化十年发展规划》以及《国家中长期教育改革和发展规划纲要》可以得知，翻转课堂教学模式将会成为今后教学的主流应用形态。此外慕课教学兴起以及大型开放式网络课程的深入人心，不仅可以分享其中海量的微视频和微课件，还可以随时随地进行自主式探究学习。

然而，受传统根深蒂固教育观念的制约，翻转课堂的开展并不会一帆风顺。其中不仅仅是教师难以在短期内改变自身的角色定位，而且学生也不会完全适应离开教师主导的自主性学习方式。颠覆式的教学模式对大学生自主学习与调控能力提出了考验，面对无人监督以及互联网的种种诱惑，学习效率难以保证。此外，快速发展的大型开放式网络课程以及学习时间重新分配都是潜在的影响学习效果的因素。

四、基于大数据视角的高校英语翻转课堂教学模式探究与建议

大数据时代赋予翻转课堂线上教学新的生机，将其与传统课堂教学相结合，不仅能够集中采取针对性的交流和指导，还为学生创设了更多灵活自由的学习空间。随着高校英语教学改革的深入推进，翻转课堂教学将会得到更为优化的应用。根据大学英语翻转课堂教学的不同影响因素划分，从以下三个角度探究两者融合的最佳出路：

学生层面。大学生应该明确自身主体角色，全力配合教师的教学行为。本着对自己负责任的态度，培养自我调控能力，积极主动参与课前的各种活

动。在小组作业和讨论过程中，根据自己的实际情况。在自主学习知识内化阶段，把握节奏完成知识内化阶段的转化。在大学英语翻转课堂教学中，学生要树立主体意识，提升课堂参与度，进行自我知识建构，形成自主性知识探究动机与热情。如果遇到问题，要及时大胆地向教师提出，不断地汲取和建构积极的学习体验。在线上教学过程中，大学生还要及时督促和管控自我，应明确学习目标，培养良好的意志力，设计和执行科学合理的学习计划，加强小组沟通与协作，拓展和延伸混合式教学模式，营造团结、互助和友爱的协作式学习氛围。

学校层面。高校要为大学英语翻转课堂教学提供坚强的后盾，提供大量精良的现代化教学设备，同时引入多元化资源平台，加强校园网络的流畅性。一方面，要特别注重重塑教育观念，打破传统教育观念的束缚，从学校指导层面引导教师更新教育观念，采取多样的协作式课堂完善线上教学平台。由于目前高校英语翻转课堂教学还处于起步阶段，很多平台还需要进一步开发和完善，为此要提升功能的可操作性和易用性，采取多种途径加强平台建设投资，完善平台的功能。另一方面，确保快速且顺畅的网络功能，为学生增加互联网接入口的数量，继续提高校园网络宽带，为开展线上网络教学提供保障服务。

教师层面。高校英语教师要在提升自身现代教育技术能力的基础上，加强对学生课前学习的掌控力度，在课前环节确保学生能够取得良好的学习效果。众所周知，课前学习效果对于英语翻转课堂具有不可替代的重要性，为了保证课堂教学的有效性，需要列出课前任务单，督促学生对照评分标准及时完成。在参与混合式学习过程中，教师应该针对学生的心理投入、努力倾向，实施个性化的线下教学。在视频和课件制作环节，要根据学生现有的发展水平，设计科学合理的提问和任务布置，把握好题目的难易程度，使学生可以获得积极的自我效能感。与此同时，教师要继续提升现代教育技术能力，做好教学评价方式的完善工作，利用 QQ、微信等社交工具对学生情感、态度进行鼓励性评价，和谐的师生关系有助于取得更好的教学效果。

总之，随着大数据时代的到来，高等教育信息化已成为必然趋势。高校英语课程教学应该与时俱进，积极引入翻转课堂教学模式，明确自身主体角色，调整线上资源分值比重，完善网络学习硬件设备设置和课堂评价机制，增加与考试有关的练习题，激发学生参与课堂的积极性，有效监督指导学生进行自主学习，增加课堂学习支持工具软件功能。教师则应找准定位，提高翻转课堂教学驾驭和掌控能力，重视以人为本的理念，尊重学生的个性和认知，综合考虑各方面的因素，形成具有感染力、凝聚力的教学机制，避免课堂模式流于形式，强化线下课堂师生互动效果，有效地弥补传统教学模式的不足，提高课堂教学的效率与质量。

第三节　大数据时代高校英语空间教学行为优化

在以网络空间教学平台为媒介的数字化教学中，教育技术不应成为实施数字化教学的壁垒，而应该为教师数字化教学和学习者个性化学习提供良好适宜的环境。教师的教学行为主要体现在教学资源的优化、教学过程的实施、教学处方的开设等方面。教学行为的优劣决定了差异化教学效果的好坏。教师的教学行为对英语学习者的学习行为、记忆行为、表达行为产生显著影响；学习者的学习行为不断优化，使其个性化学习成为可能；师生交互行为能更好地促进教师教学行为和学习者学习行为的优化，从而实现教师教学效果和学习者学习效果的提升。

随着网络教学的进一步运用，网络教学已经经历了“以技术为主的单向传递”1.0 时代、“以教学论为主导的双向互动”2.0 时代、“以网络教学论为主导的全方位”3.0 时代。随着大数据技术在教育领域的发展，网络教学即将进入“以数据分析为主导的立体化”4.0 时代。以数据分析、教学运用、

“教学处方”开设等为载体的教学行为、学习行为、教学管理行为将发生各种变化。

一、教师教学行为：差异化教学的前提

英国学者维克托·迈尔舍恩伯格在《大数据时代》一书中指出：“大数据是人们在大规模数据的基础上可以做到的事情，而这些事情在小规模数据的基础上是无法完成的。”教师利用大数据分析结果，可以根据学生的个性化需求定制教学内容和进度，帮助教师找寻最高效的教学方式。具体落实在英语教学上，教师的教学行为包括教师的观测行为、设计行为、分析行为和评价行为。

（一）观测行为：相关关系的发现

教师在进行教学反思时，总是试图寻找学生英语学习没有取得进步的“原因”，这种反思关注的往往只是事物个体特征，而大数据分析往往看到的是事物之间的相关关系。教师对学习者行为的“观测”，并非在于关注“怎样学得最好”，而应关注具体的学生的行为以及这种学习行为与学习效果之间的关系。教师根据学习者的各种学习行为特征将学生进行聚类，并根据不同类别的学生，跟踪他们在网络学习空间的行为，观测他们学习不同资源和具体知识点的顺序和效果，利用资源的时间点、访问资源的频次、学习的集中时间段、学习者语音或词汇出错频次等数据来找寻学习行为与个性化学习效果之间的相关性，得出一些关联规则，并对学习者行为进行概率预测与分析。通过对实验班级学生大学英语课程学习行为的关注，我们可以发现：英语学习者学习英语的有效程度与学习者的母语程度存在相关性；女大学生在英语学习中表现得更出色。如果教师在教学实践中更多关注这些特点，根据不同学生的学习特点来上传不同学习资源，分配不同学习任务，学生就能根据自身学习情况选择合适资源进行有效学习。教师在教学中需要及时“观测”学生在课堂内外的表现，抓住学生的有效学习，并积极鼓励学生参与教学活动，

根据学生的反馈程度进行教学设计的调整与教学方式的改变。教师只有从日常教学实践中不断观测—反思—实践，才能实现自身专业成长，帮助学生不断地提升自主学习能力。

（二）设计行为：实施教学的核心

教学设计行为是教学理念的综合体现，是教师教学方法调整、教学反馈执行与课堂教学管理改变的集中体现，是实施有效教学的核心要素。何时上传何种教学资源、课堂教学如何展现、作业布置形式等需要教师进行精心设计。目前使用网络学习空间开展教学的部分教师还停留在海量数字资源上传的“初级阶段”，空间运用存在资源堆积、课程设计缺乏等问题。而通过大数据分析，可以发现哪些资源没有被启用、哪些资源被学生访问的频次高，以便为教师后续资源推送提供参考。

教师教学实施中资源被运用的频率、教师“诊断”学生语音、场景会话中存在的“学习盲点”并开展有针对性的教学活动状况、教师批改作业的频次与及时性等状态数据在教学空间中留下的“轨迹”，是教学管理者对教师评价的重要参考依据。教师通过平台后台数据可以观测学习者的学习状态，从而为不同学生推送个性化学习资源、开设有针对性的学习处方。教师可以根据学生的出错频次进行教学设计的改变，教师对空间的设计能力直接影响教学实施的效果。教师对学生网络学习空间资源的数据信息进行整合和分析，了解学生个性化成长轨迹，进而为后续资源建设以及教学设计提供有针对性的建议。

（三）分析行为：预测规律的基础

一个人在看待整个世界以及世界中的所有事物时，要从物质事物转向交互作用，并把它看作一个收集和分析数据的平台。教师只有运用大数据思维来尽其所能测量、检测学生的学习行为，才能更好地发现学生做什么才最为有效。教师只有成为学生成长过程中的合作伙伴，找到学生与学习行为之间的连接点，才能更好地为学生推送有价值的学习资源。教师根据学生在课堂教学中的表现，并利用空间动态化数据分析教学实施和教学处方开设过程的可能性规律，能为如何为不同学生推送个性化学习资源、开设有针对性的学习处方提供参考。在实验班教学中，我们发现：教师上传学习资源的时间影响资源被启用的程度。通过对这一现象的分析，我们发现：学生学习时间与教师空余时间的不一致导致教师上传的资源没有被及时启用。教师需要对这些显性数据进行分析来发现学习者的学习动机，并对这些现象进行归因分析，以找寻更有效的学习方式。

（四）评价行为：实施反馈的前提

空间学习活动“观看视频”时长、在线测试情况、参与互动频次等留下的学习行为痕迹是教师对学生学习过程评价的重要依据。教师对学生学习行为表现进行合理、客观的评价是引导学生课堂教学活动有序开展和自主学习的重要条件。网络空间学习的评价不仅关注学生学习参与程度、专注程度，更应该关注学生在交互活动中参与的频次与效果。教师教学评价的结果及效果与评价标准的合理性和评价执行过程的客观性相关，评价过程不合理势必会影响评价的结果。尤其是小组协作完成作业时，如何界定小组成员合作的程度，如何根据小组成员的不同表现进行评价会直接影响小组协作的积极性与有效性。通过网络学习空间实施的评价更能做到“用数据说话”，教师教学评价与学习效果呈正相关关系，起引导、激励、监督作用。研究表明，评价结果的使用也会直接对教师的课堂教学行为产生积极或者消极的影响。

二、学习者学习行为：个性化学习的体现

不同类型的学习者在学习不同资源和知识点的顺序和效果不同，通过对学习者在空间留下的“痕迹”，可以分析出学习者掌握利用资源的时间点、访问资源的频次、学习的集中时间段、学习者语音或词汇出错频次等，通过这些数据可以了解学生个性化成长轨迹，为教师后续资源建设以及教学设计提供建议。

（一）聆听行为

与传统教学模式相比，网络空间教学能实现全面记录、跟踪不同类型学习者的不同学习需求与听力训练的情况，教师可以根据学生已有的学习基础和在空间学习行为，了解学生动态化的学习轨迹。通过可视化的数据分析，教师可以得知学习者在听力训练中匹配答题情况及答题过程，从而有助于教师在以后教学设计中进行针对性的强化训练。课堂听力教学，学生与教师之间的互动关系为听力材料播放—听力材料理解—听力练习答案核对，不同层次学生听力水平与听力需求差异较大，无法得到个性化匹配。利用大数据与自然语言算法将搜索数据与个性化需求相匹配，基于大数据的个性化自适应在线学习分析模型及实现，从而能够发现原本隐藏的学习行为信息，教师通过这些行为的相关数据实施预测或干预，用于教学评价与反馈，有利于学习者听力水平的提高。

（二）阅读行为

空间阅读教学设计中“课前学习—解决问题—课堂互动—课后作业与检测”一系列的教学行为活动形成了“催生疑问—解决疑问—应用知识”的学习过程链。大数据分析通过学生完成阅读任务的先后顺序来判断学习者对文本材料的理解程度，也可以对学生的阅读理解思维进行“跟踪记录”，发现学生阅读习惯。在课堂教学过程中、教师需要对学生的阅读状态进行关注，观察学生注意力是否集中，阅读理解的目标是否达成、课堂教学中的阅读任务完成与空间阅读作业完成状态是否匹配。学生主动获取阅读材料的主动性不高，而更愿意阅读教师上传的阅读资料，且学生更愿意阅读与应试相关的材料。大多数非英语专业学生并没有坚持每天阅读的习惯，通过“打卡式”阅读学习任务单的形式更能帮助学生建立良好的阅读习惯。教师可以通过大数据分析结果，找到学生阅读中的“共性问题”，并及时进行反馈。

（三）记忆行为

对英语学习者而言，词汇的记忆成为影响听力、阅读、写作的“障碍”。

研究发现，教师的基本语言知识与阅读教学能力相关，其中最突出的表现为：教师的词素意识最能预测其教学能力。英语学习与其他学科的学习一样，不仅需要投入学习的时间，更需要投入的不断反复。教师在教学中运用信息化技术手段能有效激发学生兴趣，激励学生积极参与小组活动讨论，通过组间竞赛、小组截图贴图、小组展示、教师点拨等环节的活动，构建多层次间的反复互动，强化学生知识运用，帮助深化其记忆行为。大数据时代，通过网络学习平台学生可以轻松地获取常用词汇在大学英语四、六级考试中的出现频次，一些学习软件还提供了词汇在句子中如何运用的小视频。在实践教学中发现，教师对词语使用频率做了统计，并详细汇报了词语使用频次数据高的词汇学生掌握得更牢固；教师提供了词汇学习小视频的词汇，学生学习兴趣更浓厚。因此，在教学过程中教师可以充分地利用这些数据，分析出学生感兴趣的学习内容和最有效的学习方式，在教学设计时，尽可能利用大数据技术，丰富大学英语课堂教学技巧，为学生营造良好的学习氛围，以提高学生大学英语学习的兴趣。

（四）表达行为

教师最大的教学智慧不在于展示自我表达能力，而在于唤醒学生运用语言知识进行自我表达的欲望。英语口语表达能力的提高很大程度依赖于学生课后自主学习的时长和效率。据研究发现，学生自主性时频率较低，且学生在认知与情感方面的自主性较高，而行为自主性最为欠缺，且学生之间的行为自主性情况的差别也最大。学生英语口语表达能力的提升需要在课堂教学中进一步强化，教师应更多关注学生在课堂教学中的参与状态：小组成员是否全员参与讨论，小组汇报是否成员间轮流进行，小组汇报效果怎样，各小组表达中存在的个性与共性问题。在实践教学中发现，在小组活动中，经常进行展示汇报，积极进行质疑，主动发起讨论的学生口语表达能力提高程度显著。口语表达能力强的学生更愿意积极主动地对小组成员或对其他小组表现进行评价，且其评价相对更客观。积极参与留言讨论并及时完成空间学习任务的学生书面表达能力更强。因此，教师应通过平台及时收集学生常见的书写表达问题，根据对这些“学习证据”分析归类后，在写作教学中进行反馈与强化。

三、师生交互行为：教学效果的彰显

学习者与教师的互动行为体现在他们参与空间互动栏目的程度、参与互动交流的时间点和频次等方面。通过对教师教学轨迹、学生学习轨迹、学生空间测试数据、学生活跃度、阅读量数据、听力训练数据等关联规则进行分析，能发现教学过程中师生互动行为与学习者学习效果之间的相关性，从而帮助了解师生交流的最有效途径与时间段，为教学效果的提升提供参考。

（一）师生互动

正如世界著名教育家、哲学家弗莱雷所言：“真正的教育不是通过‘A’for‘B’，也不是通过‘A’about‘B’，而是通过‘A’with‘B’。”师生互动是语言类教学的基本范式。空间教学使得师生互动更加便利，不受班级规模的影响，能根据学生个体实施互动交流。空间教学实现了课堂内外的“翻转”，其基本目的是满足学生个性化的学习需求，让学生得到个性化的教育，理想的翻转课堂实施的是真正的差异化教学。大数据分析则能通过对师生互动交流的时间段、交流频次的结果，发现不同类型学生自主学习规律，发现学生自主学习进度，更有助于基于个体的交流方式。研究结果表明，在教学活动中构建愉悦的课堂氛围，能提升学生与课程、学生与教师之间的情感联系，实现良好的教学效果。师生之间通过教学空间突破时空的限制，最大限度地调节学生的学习投入。新时代大学生在“面对面”课堂上会由于羞于表达，再加上班级人数限制等问题，师生互动受限，而空间在线交流能突破时空的限制，最大限度地调节学生的学习投入，增加学生表达与师生互动的机会。教师可以根据学生在空间平台互动“学习轨迹”和课堂教学中师生交往状态的大数据分析结果，找到学生自主学习和互动交流的规律，选择更合适的交流时间段，调控共同探讨交流的机会，这样能更大地提高师生互动交流的效率。在情景学习和协作学习活动中，师生互动效果更好。师生互动程度高的班级，学生进步程度更明显。与教师互动频次越多，在小组活动中展示频次多的学生进度幅度越大。当师生互动停留在简单的“提问”与“答问”阶段时，学生思维含量低，学生进步空间较小。通过对大学英语课堂观察发现：师生间“讨论式互动”比“提问式”更能激发学生兴趣；课前有空间互动基础的班级在课堂讨论中学生更能积极参与；教师“开放型”提问比“封闭性”提问更能引导学生积极思考。师生互动应集中于对“线下课堂”中出现的关键问题，并构建深入讨论的情境，开展师生间的多向互动，才能实现有效互动。

（二）生生互动

空间教学的开放性和互动性使得生生之间的交流时间和空间更加灵活，课堂教学活动得以延伸，使学生在课堂上对没有理解的内容进行深入交流。在课堂教学过程中，学生与教师的互动积极性较差，他们更愿意选择“线上”交流方式。空间教学平台为学生间的生生互动提供便利，为那些遇到问题不愿意主动求助于教师的同学提供更多交流机会。可以说，空间教学使“你问我答，有问必答”成为可能，真正意义上的个性化教学、异步教学在空间教学平台得以彰显。通过对“留言板”和“讨论区”中自动文本分析，根据其关键词的出现次数来确定学习者类别，并根据人工编码。教师可以根据大数据分析结果，提炼教学重点和难点，在课堂教学中进一步强化。通过实验班的教学实践发现：由学生主导的提问，学生间讨论较为热烈，参与积极程度较高。在“作业布置”环节，生生讨论程度高的问题是学生感兴趣的话题或者教学中的重点与难点问题。同伴之间的交往程度高，学生的学习进度程度更高。在网络空间教学这个大系统中，同伴—教师—学习资源各要素之间需要相互协作，才能发挥其最大效能。

（三）师师互动

大数据下的“合作性”学习可以是“师生”组合、“生生”组合，甚至可以是“师师”组合。教师通过网络学习空间可以共享“云资源库”的教学资源，并通过“教研苑”“我的教研室”进行教学问题研讨。除了教师间如教学经验分享、情感交流等“显性”互动交流外，教师间互动还包括教学理念、教学方式的相互影响等“隐性”互动。教师通过“师师”互动能强化教学反思，帮助教师构建自己的教学观，形成个人教学风格。“师师”个体互动受“群体互动”环境的影响，能有效地促进个体专业发展和群体凝聚力。网络空间学习平台为教师间的“师师”互动突破了过去面对面教研室讨论的局限，可以跨院校间研讨交流。“师师”互动的优化是教师自律文化形成的关键，是教师构建“专业学习共同体”的必然趋势，是教师专业成长和教学风格形成的一种“存在方式”。目前网络空间平台中“师师”间互动需要突破“日常”教师间“显性互动”，需要构建教师互动共同体，教师间开展更深入的关于教学理念的变化、情感态度的体验等“隐性互动”。教师间的行为互动逐步转化为心灵的互动，从而达成教师间的理性交往。网络空间互动能使两人间的互动转化为多人互动，引发更多人的思考、质疑、碰撞，呈现多角度的交互性。大数据时代的教学设计可以集教师集体智慧实行“众筹教学”，让教师间的教学设计—教学过程—教学反思—教学反馈在不断地交流与碰撞中得以最大限度地优化。

四、高校英语网络空间教学行为优化策略

教师通过对学生的多维信息坐标体系的观测，实现“教学资源的精准匹配—个性化教学设计—差异化教学处方—有教学行为痕迹的教学过程—动态化教学评价—针对性教学实施—客观性教学记录—新一轮教学设计”教学模式的良性循环。

（一）采取大数据思维进行精准教学设计

教师在教学过程中的各种行为，包括何时提问、何时讲授、何时开展小组活动、何时创设情境等都直接影响着学生学习效果。而这些行为都需要教师进行精准化教学设计。信息化时代空间教学过程的动态性及复杂性，使得课堂教学的不确定因素增加，教师的教学设计不能遵循某一既定模式。有针对性的教学设计能使教学过程更生动有趣，学生的创造性思维能得到更好的发挥。

教师可以通过教师和学生在空间的“活动数据”记载情况，实时掌握教师教学实施情况和学生学习情况，并通过学生的反馈行为灵活调整教学计划，并在教学过程中根据班级的不同特点设计个性化内容。空间教学设计，容易使课堂中出现教学设计之外的“节外生枝”的问题，教师若能捕捉或创造更多这样的机会，学生参与程度与学习效能也能得到进一步提高。大数据思维不仅能帮助教师看到“云空间”的庞大数据，而且需要对数据进行聚类分析，看到数据之间的相关性，并发现事物与事物之间的相关性。教师在小组活动设计环节时现：学习合作小组展示中，性格外向型组合更愿意以“情景剧”表演的方式呈现，性格内向型组合更愿意以“一问一答”方式呈现，英语基础薄弱的小组更愿意通过讲解呈现单词与词组。因此，在下一轮教学设计中，教师应尽可能地照顾到不同组员的特点，鼓励小组成员间和小组间的相互交流与合作，以帮助学生更全面地锻炼学生各个方面的能力。教师只有做到以“数”为“据”，才能及时地掌握学生的学习任务完成情况和后续教学重点和难点，才能开展精准教学设计。

（二）利用大数据预测结果完善差异化教学过程

教学过程是师生心理活动的过程，空间教学加快了师生交互作用的进程，教师教学任务的设计可以通过学生空间“访问痕迹”“留言痕迹”得以实时反馈。教师对教学知识点的安排以及教学进度的安排以学生的“个人学习数据”为依据，及时收集学生的学习知识“盲点”。教师可以通过回看、反复浏览学生数据来分析学生普遍存在的“疑难问题”，也能发现部分学生的“个性问题”，并对不同学生行为进行分析，预测学习者学习规律。比如，教师通过发现不同学生上交作业的时间分析预测学生最有效学习时间段，并根据他们的特点调整作业任务。教师可以根据小组作业贡献度排名来判断小组协作中各成员情况，并根据一段时间的表现来分析并预测小组合作效果，并根据情况适时调整小组合作的形式和作业呈现方式。教师利用大数据预测结果，能促使教学设计—教学过程—教学反馈—新一轮教学设计这一循环过程产生积极效应。教师根据学生对教学资源建设、互动讨论的参与程度，来判断学生的学习进程和学习效果，从而在课堂教学过程中开展有针对性的教学。在教师实践教学过程中很容易发现：英语学习基础差的学生更不愿意完成书面表达作业，在此类型作业上花费的时间较少，更不愿意在课堂上主动发起提问，英语学习提高幅度更小。教师对这类任务完成情况不高的学生实施教学干预，有针对性地布置“啄木鸟”挑错任务等，让学生从自己常见表达的错误入手，来逐步改变学生英语表达习惯。

在教学的不同过程与阶段，学生的学习行为都会留下一系列的“个人小数据”，数据与数据之间相互联系与影响，形成该课程教学的“系列大数据”。课前采集的数据，是课堂有效教学的基础，课中、课后采集的数据，既是调整教学节奏、开展个性化辅导的依据，同时又是因材施教、推进分层教学的证据。以数据分析为基础的空间教学促发教师教育教学从“经验主义”逐渐走向“数据主义”，将使课堂教学从关注“宏观群体”到“微观个体”的转变，让课堂教学发生在每个个体身上，使差异化教学成为可能。

（三）根据大数据反馈行为开出针对性学习处方

空间教学使得师生和师生之间的“庄严感”弱化，在“寻找”与“探索”中得到更多探究知识的乐趣。学生在师生关系中逐步告别“聆听”，开始走向“质疑”；学生对知识的态度，也需要从“理解”转向“反思”；学生对教学方式也从“适应”教师，转为对自我认知的“超越”，在学习方式上，学生的“体验”要比教师“经验”更加重要。在这种教师与学习者行为转变的背景下，教师对于个性化学习的指导，需要强化学生的发展性思维、反思性理解力、体验性认知等方面。教师根据学生空间的“浏览痕迹”可以得知学生对不同类型资源的浏览频次，了解学生对学习内容的喜好程度，从而及时地推送、更新学习资源。教师通过课前学习资源被访问的时间，学生完成学习主题“lead-in”问题的时间和答题情况，可以得知学生对知识点的掌握程度。课中教师可以根据学生“group-work”活动反馈出的问题进行强化训练，并进行及时测试，收集学习后学生的掌握情况。课后学习作业的提交时间，答题情况等为下一模块的学习和讨论提供了训练素材。

如在实践教学过程中，教师发现某些班级学生课前自主学习完成情况较差，课前“lead-in”问题主观题完成人数不理想；课中“group-work”汇报总是集中在少数人；课后作业完成中的错误“雷同率”较高。教师通过一段时间观察与课后交流发现，该班学生英语学习基础薄弱，对于教师以“自主学习”为指导的翻转课堂方式很不适应。这些学习行为特征为教师下一步教学方式的改变提供了及时反馈，在教师的积极引导下，学生英语学习的学习习惯逐步改变。教师通过一学期“课前”—“课中”—“课后”一系列学习行为和学习习惯中可以找寻不同学习任务和不同教学环节学生的学习规律和特点，从而采取不同的教学方法，设置不同的教学任务，让学生形成良好的自主学习习惯。

（四）实施大数据关照下的动态化教学测量

大数据之大，不仅意味着数据之多，同时还意味着每个数据都能在互联网上获得生命、产生智能、散发活力和光彩。大量实时的数据让课程评价与教师教学评价中的“让数据说话”成为可能。对课堂教学中的所有数据进行统计分析，并及时反馈，能实现教学测量的过程化、动态化与精准化。大数据分析能直观地呈现学习者学习效果的轨迹，这种及时有效的反馈能帮助教师强化学习行为，激发学生自主学习动机，为进一步教学实施提供参考。大数据时代的教学评价以数据为基础，呈现多元化、动态化等特征，然而，教师不能过度依赖数据，将数据当作行动指南会导致学生的很多潜能常因为没有“药引”而未被激发出来，大数据只是作为教师找寻学习行为与学习效果相关规律的--种技术手段。

每个教师根据学习者行为特征采取的教学设计的调整以及教学资源的更新，在空间所留下的“痕迹”构成系列小数据，学习者参与程度、互动情况在空间所留下的状态数据也是大数据的一部分。因此，教师在进行教学测量时，需要随时关注数据的动态性：各协作小组整体表现发言积极程度的变化、小组成员参与程度的变化、学生学习能力与初始测试的变化幅度、学生作业的平均值等，而不是以一次测试成绩作为测量学生学习效果的依据。

面向未来的教育，不同于工业化时代“大规模批量生产”的人才，而是要更加关注学习者的个性化学习能力的提升。基于大数据的学习行为分析及时记录学习者的学习过程，根据学习者的不同特征进行个性化学习资源推送，是未来英语教学改革的可能趋势，既符合数字化时代的特征，同时又是未来可持续发展空间学习生态的重要标志。

第四节　大数据对高校英语教育教学的影响

随着世界经济一体化的到来、信息技术的高速发展，尤其是互联网及各类移动终端的普及把人类带入几乎涵盖所有行业的一个大数据时代。大数据时代的到来使高校英语教育模式发生新的变革，无论是教学形式、学习行为，还是教学评价、教学理论、教学资源以及教学评估等，都随着大数据的变化而做出相应更新、改进。

大数据时代，大学英语教师面临新的挑战，传统英语教学模式受大数据影响与冲击，已经逐渐转变和改进。数据的集中以物联网、数据库技术、云计算等综合技术的成熟为基础，数据是过程性和综合性的考虑，它更能考量真实世界背后的逻辑关系。大学英语教师在大数据相关知识的整合、教师职能与角色的转变、学生主体个性化发展与变化、新型教学设计和教学评价等方面面临巨大挑战。如对一个学生英语考试成绩的研究，可以依靠大数据进行分析，综合考虑这个学生的努力程度和学习态度等数据，这些数据正是学生所得分数的正面反映，教师可以根据数据对学生进行相应教育和帮助。但是需要教师有相关的知识储备，有大数据整合能力。所以，教师要适应大数据时代大学英语教学改革的趋势，从而实现良好的教师职业发展。大学英语教师要加强大数据整合能力的培养以适应个性化教学的需求、改进课堂教学模式和方法以切实提高学生的英语应用能力，提前做好自我准备以适应大学英语教学的一系列变化转型，参加相关培训和研修以提高自身教学的科研水平。

一、大数据时代教学方式的特征

传统教育模式是随着工业时代经济集中批量生产的模式产生的，其主要特征是有标准化模式：教学集中班级化、教材统一、教师的主体地位不可动摇、课堂有时间限制等，这些教学规定兴盛于工业化时代，并且为当时社会培养出了需要的人才。相比较这些特征，大数据教育模式更倾向于弹性学制、随时随地在线和多媒体教育、个性化辅导、多师同堂、家庭学习等。大数据与传统的数据相比，具有非结构化、分布式、数据量巨大、数据分析由专家层变化为用户层、大量采用可视化展现方法等特点，而现代网络环境下的大学教育会更加个性化、开放化、数据化、人性化、平台化，两者正好相互融合适应，教育除了是社会学科外，也将变成有数据论证的实证科学。互联网技术在教育中的应用越来越广泛，作用也在不断增加，与以往相比，一定程度上减少了教师的工作量，但是教师的比例并没有相应减少。这主要是由于大数据虽然在很大程度上促进了教育的发展，但新事物的产生总要经过反复的实践，必有其不足的一面，如出现了大量信息垃圾，学生如果分辨不清，随意应用反而会造成负面影响，因此，需要更多的教师进行指导。不过教师和学校的定义和内涵需要重新定位。目前，仅就知识传播而言，教育资源正在经历的是平台开放、内容开放、校园开放的时代，这是前所未有的。

二、大数据时代英语教学中要进行的相关优化

（一）英语教师要引导学生形成互动、互助的学习状态

高校大学生来自我国的各个不同地区，生活习惯和学习观念会有很大区别，而且大部分学生在整个中学阶段，受各种学业压力的影响以及教师的教诲，形成了专注于个人学习的学习状态。这种学习状态适应于我国中学应试教育，节约了时间，但也造成在我们很多大学里，新学生很难融入集体互助合作的活动中，在学习上很少进行互动和互助，造成大数据在英语教学中所发挥的作用大打折扣。所以，作为学生英语学习引导者的教师，要想更好地受益于大数据应用所带来的种种教育资源，就要掌握现有资源调动学生积极性，营造学生互动的氛围。教师要让学生理解大数据时代进行合作互助的必要性，使学生树立起合作互动的理念，并应当以比较切实可行的学习活动，让学生在具体的学习中深刻地感受到互助学习的意义。

（二）英语教材的应用也要根据大数据进行相关调整

我国大学英语教材是主要根据教学大纲和实际需要，为师生教学应用而编选的材料。教材是教学的主要依据，是教学大纲的具体化，教学保障主要包括网络信息基础设施保障、教学物资条件保障、图书资料保障等，在很大程度上影响着教学质量。大数据环境下影响教学质量的主要因素有学习氛围、选用的教材、教学设施、教学服务保障等。因此，大数据条件下除了要为学生营造互助的学习氛围外，还要根据实际需要进行教材方面的调整，适应学生学习要求，以提高教学质量。

三、大数据对高校英语教学的深远影响

随着知识经济时代的到来，大数据在高校英语教学中的应用越来越广泛。两者的深度融合从根本上改变了我国传统的以课堂为主的灌输式教育模式，转变为更加开放、互动的教学模式。与此同时，世界经济一体化，科学技术的飞速发展，促进全球信息的高速传播，并且逐步实现无缝整合与共享，教育资源信息也位列其中。尤其是近年来所开放的优秀教育资源正逐步向全球各角落的学习者同步共享。

（一）大数据对高校英语教学方式的影响

大数据时代的英语教育，是着眼于其长远发展，它使英语学习者能够学以致用，英语教育的实用性极大增加，并且根据各种数据能够更加科学地进行英语教学活动与管理决策，为英语教育开启新思路创造条件。一是大数据时代的英语学习者可以不受时间、地点限制，利用大数据共享可以获取各自所需的英语资源以及进行网络服务的多终端访问，能实现数据同步与英语知识的无缝迁移；二是能实现信息的全面交互，英语学习需要学生通过良好的人际交互以更好地理解与掌握语言能力，而利用大数据技术能实现师生之间、学生之间随时随地的互相交流；三是可以通过大数据统计出学生学习情况、家庭环境，了解学生课内外的学习轨迹，并形成具有研究价值的数据报告，以供教师进行教学改进；四是能提高教学管理效率。

（二）大数据对英语教学评价的影响

大数据技术可以对教师教学授课过程、学生学习行为以及各种教学管理数据进行全面采集，集中存储、深入挖掘与分析，在兼顾学生英语学习能力评估的同时，也为教师的教学质量评估提供了全面、准确的分析结果。

四、大数据在英语教学中的运用

（一）大数据在英语远程教育中的应用

在全球经济一体化时代，各国经济贸易往来会更加频繁，英语作为最通用的国际语言，它的重要性不言而喻。尤其对我国高素质人才来说，英语必将成为他们日常生活、工作中不可或缺的交流语言。信息化、网络化的教学方式，可以更加便捷、高效地为学生提供英语学习机会，例如，大量网络在线课堂、网络英语学习资源应运而生，最终实现了人与人、人与机之间的英语远程英语教育模式。

（二）大数据在英语课堂教育中的应用

学生是英语学习的主力军，主要学习场所还是在大学课堂上，大数据在课堂教学中的有效应用，可以迅速地获取学生学习的相关状态以及教师教学状态，并且通过大数据分析技术、采集技术的应用，分析其数据的成因，进而提出相应的教学对策，进行教学方法、学习行为以及教学模式的改进，以提高学生学习效果和实现教学目的。

（三）大数据在英语考试中的作用

大数据技术可以综合考查学生的英语水平，有助于教师安排更加科学、合理的考试内容。各个高校普遍建立了相应的大数据平台，英语教育也从中受益，例如，可以获取试卷的答题结果、班级成绩情况等数据，并且通过数据平台的采集技术、分析技术，详细了解学生的英语知识储备量与英语学习的疑难点，为今后试卷题目设置提供了有利的参考，试题更加贴近学生的实际学习能力。

总之，大数据时代的到来，为高校英语教学带来了新的教育机遇，虽然存在着一些问题和缺陷，但数据技术和英语教育深度融合，如能合理应用并优化创新，发挥大数据平台的价值，必定会带动英语教学水平更上一层楼。

第五节 大数据时代高校英语数字化教学的转型

1970 年，托夫勒在《未来的冲击》中明确地提出了面向未来的教育：倾向小班化，多师同堂，在家上学，在线、多媒体教育，回到社区。着重培养学生适应临时组织的能力，培养能做出重大判断的人、在新环境迂回前行的人、敏锐地在变化的现实中发现新关系的人。凯利也预测，随着大数据时代的来临，学校会更加多元化，未来的人工智能将诞生于由 10 亿台中央处理器组成的“全球脑系统”，这个系统包含互联网及附属设备——从扫描仪到卫星以及数十亿台个人电脑。

的确，网络媒体的发展已经引起高等教育的革命性变化，一是慕课（MOOC）正在冲击着全球教育；二是大数据理念在教育中的作用逐步得到了重视，初步形成学校教育、网络在线教育和实践应用延伸的三位一体的教学模式，教师也由原来的“教学主持者”逐渐变成了“教学参与者”。据统计，在 2012 年“MOOC”平台纷纷呈现，哈佛大学和麻省理工学院创立的 edX 有 49 所大学加盟，包括清华大学和北京大学，设 175 门在线课程，100 多万学生选修；斯坦福大学创立的 Coursera 有 82 所大学加盟，386 门在线课程，350 万学生选修；斯坦福大学创立的 Udacity 有 25 门在线课程，40 万用户；英国开发大学 Future Learn 加盟成员包括 26 所大学、大英博物馆、英国文化协会以及大英图书馆；澳洲公开大学联盟开发有 48 门免费课程，64 门学分课程在线，课程分研究生、本科生、职业教育；德国学者在企业的资助下创建的 Iversity 平台有 24 门课程，10 万用户；2013 年 10 月清华大学的中文“慕课”平台“学堂在线”目前有 5 门课程，10 万人次选课。越来越多在线课程的出现表明大数据时代已经来临。

一、大数据背景下大学英语教学面临转型

大数据时代改变了人们的生活习惯，正在引领人们由读书时代迈向读屏时代。“大数据的‘威力’强烈地冲击着教育系统，正在成为推动教育系统创新与变革的颠覆性力量。”大规模开放在线课程的出现是当代教育发展的一大趋势。因为当我们进入未来第三次浪潮的经济和社会时，我们不再强调同一性，而是强调个性。正是在这样的背景下，2014 年我国高校明确区分了研究型大学和应用型大学两大类别。而从建构主义理论来看，由于个人的经验、信念不同，对外部世界的理解也有差异，语言学习者更加关注如何以原有的经验、心理结构和信念为基础来构建知识。建构主义的教学模式应包含四个关键因素：教师、学生、任务和环境，其中任何一个因素都不可能孤立于其他因素而存在，它们之间的交互是一个动态的、发展的过程。学生作为个人理解这些任务的意义和个人相关性；任务则成为教师和学生的连接界面。教师与学生之间要有互动。教师的行为充分反映他们的价值观念，学生对教师的反应方式与他们的个人特征有关。这样教师、学生、任务三者处于一种动态的平衡之中。整个教学过程教师更多的是充当“脚手架”的功能，学生则凭借由教师、同学以及他人提供的辅助物完成原本自己无法独立完成的任务。随着学生学习能力的逐步提升，学习的责任将逐渐转移到学生身上，最后让学生完全积极主动地展开学习，并通过学习建构出真正属于自己所理解、领悟、探索到的知识。脚手架能帮助学生穿越最近发展区，能有效促进学生认知和社会性的发展。

基于此，大学英语课堂教学面临转型，即把学习的主动权交还给语言学习者，学习者可以高度自由地控制学习的方向、内容、进度，在各种生活场景和语言环境中漫游，却又没有真实世界的压力，体现在参与中获得愉悦，在愉悦中引起共鸣，在共鸣中获取语言能力，实现语言实际运用的目标。在现代教育技术发达的今天，大数据为我们提供了便利，大学英语数字化教学

课可以充分地利用“慕课”“多模态”和“翻转课堂”教学形式，设计网络化在线学习模块，强调个性化自主学习。这对大学英语教学来说，好处在于：教学资源丰富，信息量倍增；有利于学生个性化自学潜能的发挥；师生互动量增加，教与学不受时空限制；对学生学习成绩评价多元化；容易激发学生学习积极性。

二、大数据时代大学英语的数字化教学模式

大学英语课堂教学应视为应用型人才培养的重要环节，作为高校开设的一门公共必修课，在形势不断发展的情况下探索新的教学模式，充分利用大数据时代带来的便利，实现课堂教学和课外在线学习相结合的教学方法意义重大：其一，它能全面满足现代大学生的心理诉求，实现全方位、开放式课堂教学机制；其二，它能使大学英语教学跳出传统的一块黑板、一位老师、一间教室的教学模式，充分发挥视听说优势和融入真实语言环境，并为学生今后的发展做准备；其三，它可以作为高校提升外语教学综合水平的一个参照。就大环境来说，中国要真正走向世界，外语人才的培养至关重要，没有高水平专门知识又专门精通外语知识的人才是无法实现“走出去”和“引进来”的战略目标的。从小环境看，高校担负着培养人才、服务地方、振兴国内经济的重担，未来人才的素质将直接关系到国家的创新体制建设。因此，从高等教育国际化的战略高度来看，基于“MOOC”平台的大学联盟为我国的高等教育提供了同国际一流大学真正对话的机会。但是，这些在线课程的教学语言几乎都是英语，因此，没有英语基础的支撑，即使有了全球优质教学资源，我国的大学生也可能会面临语言上的障碍。而未来我国的高等教育将侧重于学生对所学知识的实际应用方面，他们需要了解大量与专业相关的知识，这就决定了他们对外文信息要有准确的把握。大学英语数字化教学模式开辟了非英语专业学生第二条获取专业知识的通道——在线自主学习，同时也充分体现出英语学科的人文性和工具性特点。

大数据背景下大学英语数字化教学模块设置。传统大学英语课只是为学语言而教语言，不仅费时低效，而且还忽略了英语的人文性和工具性特点。大数据时代，教学资源可以得到充分整合，通过数字化教学让英语课堂变成语言能力＋专业素养课，使学生感受和体验英语，而不再是被动地学习英语。目前高校可以结合自身优势，采取多层次、多模块的网络教学平台为学生创设真实的语言环境，还可以通过加入大学联盟获取更多在线课程，以满足不同层次学生学习英语的诉求。在模块设置上可体现行业特征，并融入人文素质和思辨能力的教育，如基础英语视、听、说模块，通用学术英语读写模块，职场和行业英语模块，文学欣赏模块，文化和科学伦理模块等。

大数据背景下大学英语数字化立体教材开发。就目前的大学英语教材来看，以书本＋光盘形式出现的居多，这难以满足数字化教学平台的要求。因此，创建立体化教材，以文字、录音、多媒体课件、电子教案、电子档案袋（e-portfolio）、网络课件、学生自主学习系统、资源库和测试库、专业网站等形式来支撑大学英语课堂教学已是必然趋势。它有利于“创建真实的语境或场景，为学生提供‘有意义交际’和实践的机会”，从不同的视角为学生营造一个比较和分析的空间，充分发挥教师与学生、学生与学生、学生与课件等人际和非人际的互动作用。

大数据背景下大学英语的教、学、考、管集成。大学英语数字化教学因其理念的革新，教学资源的网络化、数字化、信息化，教学方式更具人性化、个性化的特点，无论是构建语言教学的生态环境，还是营造语言教学的人文环境，都对教学管理、教学评价的科学性提出更高的要求。考试不再以传统方式进行，而是采用网络无纸化考试，评价采取多元评价，形成性和终结性相结合，采用综合和集成的方法，统筹考虑教师、学生和教学管理者三个不同层面的相关因素，将三方的观念更新、课程体系优化、教学方法和学习方法创新、服务和管理效能提高等相关要素纳入教改的总体规划。

三、大学英语数字化教学的预期目标

交互性。长期以来，我国大学英语教学在教学观念、教学模式、课程体系、教学方法和教学测评方面存在不尽如人意之处，导致非英语专业学生的英语综合应用能力不强、教学模式相对单一、教学方法和教学手段相对陈旧、学生学习动力缺乏、自主学习意识和能力不强、在文化传承和人文精神培养方面比较乏力、教师积极性不高、学生对英语学习缺乏兴趣等。而通过数字教学平台，师生间的互动加强，学生可以不断地向老师提问，教师为了解答学生提问不得不更新知识和提高水平，达到师生间的交互成长。

体验性。依据大学英语教学改革以及我国社会经济迅猛发展对大学英语教学要培养具有很强国际竞争能力人才的要求，大学英语数字化教学定位于加强实用性英语教学，以培养学生的英语综合应用能力为目标，特别突出和加强了听说与交流能力的训练与培养，通过教师下达任务，学生担当角色，立足校本经验，开辟网上专家空中课堂，在纯英文环境中让学生充分体验语言的魅力和完成任务后的快感，以达到轻松学英语的效果。

建构性。数字化教学模式强调学生积极参与并自主管理自己的学习过程，是一种新型教学模式。这既是一个教育目标，又是一种教学理念，同时还是一种学习策略。因为学习者自主是现代教育心理学尤其是人本主义、认知主义、社会建构主义学习理论的要求。而语言学习过程必须重视人的感情因素，要在教师指导下帮助学生参与甚至决定整个教学过程：知识的获得主要是通过学生自己发现，教师只是组织者、指导者、帮助者和促进者，学习环境（自主学习中心）与社会互动（合作学习）是两个重要环节。可以说，通过在线学习平台，学生将既获得知识，又参与实践，两者相辅相成。

大数据时代颠覆了传统的教学方式，为高校大学英语教学提供了自主学习平台，特别是我国明确提出要加快发展现代职业教育，推动高等教育内涵式高质量发展，相当一部分新升本高校面临转型，在转型过程中必然涉及课程设置、教学手段等大改革，强调应用型、实用性的专业课程开设以及学生实践能力的提高。而在转型过程中大学英语课堂教学应充分考虑“专业 + 通识教育”模式，充分利用大数据时代带来的便利整合课内外教学资源，借助网络在线教育，结合课堂教学，让学生在学习英语的同时也学习专业知识，这将极大提高学生的学习积极性和主动性，真正体现英语工具性作用。

第六节 大数据背景下英语教学的微传播

在大数据背景下，数据流和信息形态都发生了重大变化，信息共享、交换以及数据处理变得更加便捷，这为学生提供了良好的自主学习条件，对教师的教学方式方法也产生了重要影响。为了适应新形势，高校应加强英语自主学习平台建设；教师要更新教学理念，从知识的传授者转变为学生学习的指导者和帮助者，同时不断地提高信息处理能力，充分利用互联网交互平台开展教学。

自 2012 年以来，越来越多的政府和行业开始意识到数据和信息的重要性，“大数据”成了十分流行的关键词，人们用它来描述和定义信息爆炸时代产生的海量数据。2014 年，在全国高校外语教师发展论坛上，杨永林教授作了《“慕课”时代大数据在外语教育与研究中的应用——以 TRP 平台为例》的报告，分析了大数据理念在英语教学中的作用。目前，传统的英语教学方式已很难激发学生的兴趣，也很难保证课程教学效果。在大数据背景下，数据流和信息形态都发生了重大变化，信息共享、交换以及数据处理变得更加便捷，这为学生提供了良好的自主学习条件，使得课堂和教师不再是学生获取知识的唯一途径，这对教师的教学方式方法也产生了重要影响。大数据的发展不但促进了学生学习方法的改变，同时也促使教师主动改变课堂教学方式，使教学方式更加多样化。

一、大数据背景下英语教学的变化

目前，信息化成为社会各个领域发展的特征之一，英语学习也不例外，大量英语学习工具、平台和管理系统应运而生。这些英语学习工具、平台和系统能够根据大数据分析的结果预判学生的需求，找到学生学习过程中存在的问题，从而有针对性地帮助学生实现英语学习的预期目标。例如，品种多样的语料库系统、在线搜索引擎等能为英语写作提供词汇用法等方面的帮助，有利于学生解决写作过程中的语法问题，不断地提升写作能力和语言运用能力。

随着网络技术和现代教育技术的不断发展，学生学习数据的收集也越来越简单，不但数据量越来越大，数据的内容也呈现多样化特征，如通过数据挖掘能够了解学生的学习动机和学习行为，通过学习评价系统可以获得学生在线学习效果方面的数据，等等。在当前的英语教学中，英语学习的具体化语境例证需求逐渐变大，而教师可以通过网络共享资源下载多媒体教学所需要的课件、例证等，从而有效地提高教学效率。合理利用网络数据资源开展多媒体教学和在线教学，能够有效促使学生激发自主化、个性化学习的积极性，提高学习效率。

在大数据背景下，教师可把学生在学习过程中产生的数据（包括聊天、社交、游戏中的交互信息）收集起来，了解学生接受与掌握英语的程度、学习行为及学习习惯等，及时发现学生学习的误区，进而帮助学生找到适合自己的学习方式，同时有针对性地改进课堂教学。如在阅读教学过程中，教师可以通过所收集的相关数据分析，了解学生英语阅读学习的习惯与方式，从而及时地改进英语阅读教学计划，开展个性化英语教学，提高教学效果。

二、大数据背景下英语教学的微传播化

在大数据背景下，现代智能软件能够对学习者的学习行为提供实时帮助，

网络技术能够为学习者创建一个主动学习的情境，诱导学习者学习的持续性，帮助学生形成科学的学习习惯和学习方法，也方便学习者对学习效果进行科学合理的评估和评价。与此同时，在大数据时代，英语教学具有了微传播特征，具体反映在以下几个方面：

实时互动性。通过登录微博、微信等平台，教师可以随时布置课程练习和课后作业，学生可以随时接受教师布置的任务。在英语课程教学中，传统教学方式难以满足点对点教学的要求。例如，提高学生语言交流能力和应用能力的难度较大，教师难以判断学生群体的英语能力水平，课后作业难以批改等。在大数据背景下，教师可以借助“作文批改网”等网络平台解决这些难题。另外，利用大数据云存储技术，还可以根据需要建立学生写作学习的轨迹档案，以便捕捉学生写作过程的每一个细节，形成发展性写作评价。

迷你化。微传播的主要载体具有小巧便捷、易于携带、自主性强的优势。当前，各高校的无线网一般都能覆盖校园图书馆、食堂、宿舍等场所，学生通过手机等网络终端，可以在任意的时间和地点登录微博、微信等平台，获取英语学习信息，在很大程度上突破英语学习的时间和空间限制。智能手机等迷你型移动终端的普及，为学生随时随地搜索资料、查单词、提交作业提供了便捷的途径，使学生的英语学习更加细节化和自主化。

精简化。在无线网络高度覆盖、信息快速传播的时代，信息量的增大和信息传播速度的提高，使得人们在阅读过程中更加乐意用快捷的方式获取信息，在一定程度上改变了阅读方式和阅读习惯。与此同时，为了加快信息传播速度，要求网络信息更加精简化，由此催生了微博、微信平台上的“微言微语”，反映在英语方面，精练的短句和小段落更加具有吸引力。在微传播背景下，学生更乐意接受内容新颖、简短而有重点的信息，以便充分地利用零散的时间。因此，微博和微信平台上的英语学习信息通常是几句话、几张图片或一小段视频（如微电影）。简洁明了，具有即时性、视觉性和互动性等特征的微信息，更容易获得人们的注意和兴趣。

三、大数据背景下英语教学的创新策略

在大数据背景下，微课、慕课、翻转课堂等教学方式在全球风靡。新形势下，教师在英语教学中要不断地创新教学手段和教学方法，充分利用互联网交互平台开展教学，促使学生快速提高学习成绩。具体来讲，应从以下几方面创新和改进教学：

（一）建设自主学习平台，促进学生自主学习

大数据背景下，英语教学不再局限于课堂上教师的讲解，提高学生综合运用英语的能力和自主学习能力成为英语课程教学的主要目标。为了适应新形势，高校应加强英语自主学习平台建设。英语自主学习平台应包括课程学习系统、听力测试系统、口语训练系统、师生交互系统等，这些系统不但要有相应的学习资源供学生根据自己的兴趣和需求自由地选择，还应具有测试功能和测试成绩记录功能。这样，借助自主学习平台，学生可以将学习计划上传至网上征求老师的意见，以充分提高学习效率；可以实现知识学习和资料查询，及时检测自己的学习效果，并通过检测结果明确自己的努力方向；可以自由支配听说和读写的练习时间，充分利用系统提供的丰富的课外资源开展个性化学习。借助自主学习平台，教师可以向学生推荐学习网站和常用学习软件，了解和掌握学生的学习情况，分析学生的学习行为，及时指出学生学习方法、学习态度等方面的不足。

（二）更新教学理念，注重激发学生的学习兴趣

在传统的英语教学过程中，由于教学班人数多，更正语音、批改作文等往往耗费教师大量的精力，且难以取得良好的效果。在当前的大数据时代，这些问题迎刃而解。例如，以往学生记单词是依靠单纯地背单词书，而大数据背景下借助手机应用可以有效提高记忆单词的效率，且很多在线工具将背单词与闯关类小游戏紧密联系在一起，真正做到了寓教于乐，吸引了众多学生的眼球。再如，很多网站都建立了英语语音和英语在线翻译系统，甚至在

线英语作文批改也成为现实，这为教师的教学和学生的学习提供了极大的便利。公共英语学习网站和学校的英语自主学习平台，大多能为学生的英语作文提供修改意见，使得学生可以通过不断地修改获得满意的成绩。这种作文批改和反馈形式的改变，可以让学生和教师从书本中解脱出来，也使教师和学生充分领略了大数据的魅力。可见，在当前的英语教学中，教师必须及时改变教学方式，积极应用新的软件和工具平台开展教学，否则难以激发学生的学习兴趣，更难以充分提高教学效果。借助软件和工具平台开展英语教学，要求教师从知识的传授者转变为学生学习的指导者和帮助者，积极与学生开展网络交流，及时解决学生遇到的疑难问题。

（三）更新知识，提高信息处理能力

信息技术快速的更新换代，为英语教学提供了大量的平台和工具，而网络上的平台和工具各具特色，功能也不尽相同，有的甚至已经被技术的发展所淘汰。可见，教师应在不断更新知识的基础上，全面了解各网络平台和工具的优势与不足之处，从而为学生提供科学合理的参考意见，否则可能会误导学生。英语教师在了解信息技术特点的基础上，懂得教学规律，才能提高教学效率。例如，在我国传统的教学评价体系中，过程评价和多元化评价是最薄弱的一个环节，而网络英语自主学习平台的测试功能和测试成绩记录功能，不但能激发学生在线学习的积极性，还能为英语课程的过程评价提供数据支持，当然，这要求教师十分熟悉英语自主学习平台的功能和操作方法。

第六章　大数据时代高校英语教学转型新模式

第一节　大数据时代高校英语听力教学

大数据时代对传统的大学英语课堂带来新的冲击，对英语人才培养规格提出新要求，同时也为大学英语听力新模式的构建提供了新的发展机遇。因此，大学英语听力教学改革必须抓住这一机遇，紧随时代发展提出的新要求，探讨大数据时代大学英语听力模式构建的新思路，顺应时代发展的需要，重构大学英语听力课堂教学模式，培养出符合大数据时代要求的复合型应用型英语人才。

21世纪，互联网技术的发展和普及以及新媒体的出现使人类社会从信息时代跨入一个全新的大数据时代。在大数据时代，信息技术与教育的深度融合将给外语教学带来系统性变革，对教师角色、学生角色、学习材料、学习环境以及教学评估和测试等方面产生深远影响。可见，大数据时代加速了社会的变化和发展，也不可避免地影响着中国的外语教学，传统的外语教学强调学生具备使用外语和他人进行沟通的技能。但是，在大数据时代背景下，需要新型人才运用数据进行分析，去预知某个领域的发展趋势，或是某个群体的行为倾向。本节以大数据时代为背景，从重新筛选听力语料，到更新传统教学模式，到建立新型师生关系以及健全新型考评体系，从而提出重构大学英语听力教学模式的设想。

一、重新筛选听力语料

片面地强调学生对词汇的敏感度、对语速的适应性以及对某一小段语料的理解,已经被视为效率低下的教学方法。当然,这些仍然是听力教学的基础。现在倡导的,是在这个基础框架内填充新的内容,并且努力延伸出新的意义。所谓填充新的内容,就是重新筛选语料。比如,在初级阶段,在进行任务型教学的过程中,要求学生能够听懂一些特定场景下的会话信息。然后模仿听到的内容,使用外语问路、购物,或者点餐。但是,结合社会发展的实际情况,人们即便是身处异国他乡,也可以凭借一部智能手机,打开各种应用程序,完成上述各项任务。由此可见,我们分配给学生的任务可能是过期的。所以,从真实的社会生活出发,筛选语料,革新信息的输入内容,是新时期外语教学迫在眉睫的工作。首先,优质的语料资源,可以帮助学生了解目的语国家中人们真实的生活状态;其次,所谓延伸出新的意义,要求师生双方跳出语言学习的限制,从多个角度寻找解决问题的途径。仍然沿用刚才的例子,我们要求学生去问路、购物、点餐。除了使用外语之外,还可以动用各种工具,尤其鼓励学生去了解在目的语国家中,人们如何进行这些活动。教师可以适当提供一些线索,帮助学生打开视听,利用网络上各类共享资源进行探究性学习。

二、更新传统教学模式

第一,从“5W2H”到整体化思维方式。传统的训练方式强调学生听懂语料中的关键信息,通常集中在“5W2H”中,也就是人物、时间、地点、经过、原因、结果,还要特别关注数字及人名、地名。在教师的引导下,学生会把注意力完全投入到这些焦点中,无暇站在更高的角度进行思考。例如,给学习日语的学生播放一段语料,是两个日本人在巴西餐厅内点菜。其中一个日本人对巴西菜如数家珍,另一个则全然不懂。很显然,前者有长期生活在巴西的体验真实，了解日本历史的人都知道，从19世纪末开始，逐渐有日本移民前往南美洲的巴西、阿根廷、秘鲁等国家拓荒，并且定居在那里。他们的后代中，有许多人会说日语，但比起日本却更加了解自己居住的国家。头脑里储备了这些背景知识后，在处理语料时就能解读一些深层的信息。然而，如果学生过分地执拗于细节处的单词，可能就没有机会去探索和发现。那么，该如何改变这一现状呢？首先是教师要转换思维方式。在备课的过程中，改变着眼点：不只是思考我能教给学生什么，还要了解学生想从我这里学到什么？深入挖掘语料的内涵。讲清楚人物、时间、地点后，再探究一下这段语料中情景设置的合理性。因为有些教材中出现的对话，并不会在目的语人群中真实上演。倘若是合理的，就可以探究这个会话中出现的人物是什么职业、从事这种职业的人有什么语言习惯等。一旦教师形成了这样的思维习惯，就可以通过潜移默化的方式传递给学生。如果外语教师整体都具备了这一素质，那么课堂将会更加包容，师生互动也就更加多元化。从你问我答，到多问多答，学生敢于表达心中的疑问，也会自发地寻找不同的解答方式。由此可见，教师除了掌握新技能，还要重组自己的教学思维。

第二，开放性情感。相信许多外语学习者都深有体会，在了解某个国家的某个人之前，我们往往对他有一些概念性的认知，有时甚至是误解。比如，通常会认为，英国人绅士、法国人浪漫、德国人严谨、美国人爱追求刺激。的确，这些概念一定程度地反映出该国的国民性，但并不能代表所有国民的特征，其间忽略了国家内部在地域、阶层方面存有的差异，更忽略了个体的家庭、教育以及职业背景。所以在与外国人进行交流时，贴标签式的认知方式，很有可能带来不愉快。

三、新型师生关系

基于网络写作学习平台的大学英语写作课堂使师生间、生生间互动得以加强，有利于学生发展自主学习能力，使学生成为课堂的中心，成为知识的建构者。海兰德曾指出，“写作能力的培养不是通过新教学手段而是通过合适的教学方法实现的，同时还要给学生布置合适的写作任务和给予必要的习作支持。”可见，作为课堂教学的组织者，教师的作用举足轻重，教师还承担着学生自主学习的引导者和监督者的角色。来自教师和同伴的反馈不仅是自动评分系统的必要补充，它还使知识传递和答疑解惑的效率得以提高，而且，这种真实情境下“读者与作者的意义协商”使学生通过体验的方式获得知识。学生之间通过互评和讨论等互助方式合作完成任务。这种自主学习与合作学习相结合的方式使学生在相互交流和合作中建构和完善自己的知识体系，而且对改变学生的英语学习观念也起着积极的促进作用。

四、健全新型考评体系

大数据时代使人们获取知识和传播知识的方式发生变革，传统的纸质媒介逐渐被电子媒介取代，信息的获取、分享和传播都以数字形式完成，显然，采用传统直接考试形式，即一个题目、一篇作文的纸笔考试，无法对新型读写能力做出客观评价。目前，国际化的大规模语言测试纷纷采用基于网络的考试形式，也开始使用综合型写作任务进行测试，这些都值得我们借鉴，大学英语写作考试应该采用阅读与写作相结合的综合型任务。评价手段的多元化可以提高评价的科学性和有效性。目前，教师评价仍然是评价体系中最重要的组成部分。在线自动评分系统还存在仅能对语言浅层特征做出评价的弊端，智能化程度还有待进一步提高，只能作为教师评价（teacher assessment）的重要补充。同伴互评（peer assessment）是写作评价中的必要组成部分，它有利于激发学生的主动性、积极性，培养批判性思维能力。大数据背景下的教师评价和同伴互评是依托网络平台进行的，这就打破了时空的界限，教师和学生可以利用碎片化时间进行及时反馈和评价。

顺应时代发展的潮流，外语听力教学新模式的构建势在必行。重视大数据带来的积极作用和消极影响，才能使教改更高效、更深入。教学理念和模式的创新，不意味着教师工作被网络代替，也不意味着教师地位被学生取代，教师仍然是教学活动的主导，应该不断地提升自身业务，充分利用大数据和先进科技，在全新的教育时代中紧随时代发展提出的新要求，探讨大数据时代大学英语听力模式构建的新思路，顺应时代发展的需要，重构大学英语听力课堂教学模式，培养出符合大数据时代要求的复合型应用型英语人才。

第二节　大数据时代大学英语写作教学

随着经济全球化进程的不断推进，社会对商务英语人才的要求越来越高。但传统的商务英语教学远远不能满足社会的需求，尤其是写作教学。在商务英语教学中，听、说、读、写、译是学生要掌握的基本技能。就目前来说，如何培养综合应用型商务英语写作人才是应用型本科高校面临的一大问题。本节在论述应用型本科大学英语写作教学现状的基础上，提出了大数据背景下的相关改革策略。

商务英语培养的是以英语为载体从事商务活动的人才。目前，大多数应用型本科高校都设置有商务英语专业，且相较于综合性大学和职业学校来说，应用型本科高校更为注重集商务知识、语言技能、跨文化交流能力等于一身的复合型商务英语人才的培养，更为注重引导学生综合处理行业领域出现的具体问题，因此，应用型本科大学英语专业培养的是理论与实践并重的应用型复合型专门人才。在商务英语教学中，听、说、读、写、译是学生要掌握的基本技能。经相关调查研究发现，商务英语写作和翻译在具体的工作中应用得最为频繁，并且学生进入外企工作后，商务信函、说明书、商品介绍等是其接触较多的，因此，商务英语写作课程是商务英语专业必修的一门课程。但在互联网技术和大数据技术飞速发展的今天，传统的商务英语写作教学暴露出诸多问题，难以培养出社会需要的高素质应用型人才。

一、大学英语写作教学现状

商务英语写作是一门强专业性和强实践性的课程，是写作者商务业务知识运用能力和语言应用能力相互结合的过程。因此，商务英语写作教学应该培养的是理论和实践并重的人才，但当前的商务英语写作教学实效性还有待进一步提升。

学生英语基础水平参差不齐。进行商务英语写作学习的学生在英语基础方面有着一些差异，具体来说，有些学生凭借自身努力和教师的教学要求，灵活调整学习方法，能够运用简单明了的语言和丰富多变的句式清晰地表达自己的意图，能够很好地将教师教授的知识融会贯通，能够使文章的整体可读性强；有些学生能够依照要求写出符合语法规范的语句，但是文章的整体表现力、逻辑性和说服力不强；有些学生的英语基础较差，对于单词和语法的掌握不足，难以组织一篇完整的商务英语文章。由此看来，学生个体间存在一定的差异，需要教师从学生实际出发，实现因材施教。

教师对于写作教学的定位存在偏差。一些教师在实际教学过程中未能正确地认识商务英语写作的特点、写作过程的复杂性、写作内容的多样性等。他们认为学生掌握了单词、词组、写作格式、句型等，就基本完成了写作的学习,因此,一部分教师还是采用传统的课堂教授模式,注重理论知识的灌输，而较少尊重学生的主体地位，较少使学生进行自主写作，完全忽视了学生实践能力的培养和锻炼。而且在实际的教学过程中，教师只是简单地讲授单词、短语或者词组的意思，而较少介绍其实际应用方案，不利于学生实际应用能力的提升。

教学内容缺乏实践性，往往忽视写作情境。首先，商务英语写作课程的教材大多数是以文体分类展开的，与实际商务活动中的诸多应用存在脱节现象，且内容较为陈旧，难以跟上时代发展的步伐，难以对学生毕业后的工作产生积极的影响；其次，教师在教学时虽然涉及报价、询价等内容，但是也仅限于对理论知识的讲授，而较少进行情境创设，使学生在毕业后面对实际问题难以进行有效的解决。

教学模式单一，缺乏课堂互动交流。传统的商务英语写作教学模式单一且过于程式化，教师仍占据着课堂的主体地位，学生只是被动地接受和机械地模仿写作模板，整个课堂教学过程还是教师的独角戏，学生难以参与进来。但教学本来就是教与学的双向互动过程，不仅教师要教给学生知识和技能，而且教师还应及时地接收到学生的学习反馈以便更好地改进教学方法。如果师生缺乏有效的互动、沟通和交流，那么不仅学生的学习兴趣和积极性难以调动起来，而且课堂教学的实效性也难以提升。

二、大数据背景下大学英语写作教学改革策略

随着大数据时代的到来，人们在存储信息、提取信息、分析信息、共享信息等方面有着极大的飞跃，对人们生产生活的各个领域都产生了极大的影响，并促使人类社会不断向前发展。教育领域也不例外。大数据的出现为应用型本科高校的商务英语写作教学带来了全新的机遇，使其教学模态呈现出多样化的特点，教学模式也逐渐趋于人性化，师生关系也极具交互性，教学结果反馈的指向性越来越明确，并促使其朝着培养综合应用型人才的目标不断前进。

整合教学资源，更新教学内容。大数据的出现使得商务英语写作的教学内容突破课堂的限制，直接延伸至课外，甚至网络。首先，加大校内在线平台建设。教师可充分地利用网络为学生搜集尽可能多的教学资源，引导学生充分利用搜索引擎、英语学习网站、在线词典、语料库等搜集足够多的背景知识，并完成写作任务，使学生真正参与到教学中来，提升学生商务英语的应用能力。其次，教师可将行业发展的最新动态引入课堂教学中，引导学生结合行业实际进行有针对性的写作训练，增加教学内容的前沿性和应用性，使学生不至于与行业实际脱轨。

引入慕课教学模式。教师可通过慕课将商务写作知识与商务实践活动相结合。教师可经过慕课平台搜集各种与商务英语写作相关的资料并将其设计成业务实践活动，以突出专业性和实用性。在学生进行实际写作之前，教师可采用翻转课堂模式，将有关写作的理论知识和语言知识等以视频的形式传给学生，便于学生在课前观看，使学生对要学习的内容有一个大致的了解，同时学生还可将不懂的问题进行汇总以便在课上统一提出，方便教师进行有针对性的教学。之后，利用慕课平台模拟真实的商务场景，使学生真正参与到写作教学中来。除此之外，学生还可以通过慕课平台进行不同阶段水平的测试，便于学生了解自身在某一阶段的学习情况，同时也便于教师依据学生的测试结果进行后期教学的调整。

采用分层教学法，开展协作学习。首先，针对学生基础水平的差异，教师可采用分层教学方法，针对不同层次的学生因材施教，避免出现传统教学模式下千篇一律的学习任务难以有效激发学生学习兴趣的尴尬局面。例如，可采用大数据技术，划分出学生英语基础等级，之后可设定不同难度水平的写作任务，并分配给相应层级的学生，为水平较高的学生锦上添花，为水平较低的学生雪中送炭，极大地激发学生学习的积极性和主动性。其次，开展主题教学或者案例教学，将学生分为若干小组进行小组合作学习，使学生在团结协作中完成既定任务，一方面锻炼了学生的实际应用能力，另一方面也培养了学生的团结协作意识和沟通交流能力。

一个人的写作能力与其语言应用能力和语言理解能力有着直接的关系。商务英语专业学生的写作能力主要包括文字组织能力、语境揣摩能力、语法规范能力、深入思考能力等，其对于学生理论水平和实践水平的要求也较高。随着大数据的不断推进，商务英语写作教学也应抓住机遇，迎接挑战，积极更新教学内容，引进先进的教学模式，将慕课与翻转课堂等结合起来进行分层教学，并注重培养学生的团结协作能力，使学生真正参与到教学中来，切实提升应用技能。

第三节　大数据时代下的英语翻译教学

发展日新月异的大数据时代，已经渗透到了教学中的方方面面。而翻译作为语言学习中的高级阶段，更是要与大时代形成契合。本节从翻译教学角度入手，在多方面提出了相应的应对策略，但也提出了翻译教学中教师和学生所面临的挑战。

随着信息技术的发展和云计算的广泛应用，“大数据”的概念和技术已经逐渐渗透到教育教学的相关领域。翻译是我国对外沟通交流的有效途径之一，社会对翻译专门人才的培养有着很高的要求，地方高校作为应用型人才培养的基础阵地，应积极顺应时代发展要求，高效利用大数据资源，逐步完善翻译人才培养体系，为地方乃至国家输送优质翻译人才。

在大数据时代，信息技术快速革新和发展，地方高校的英语翻译教学应从教材选用、课堂教学、考试评价等人才培养各环节与大数据相结合，培养具有时代性和创新性的应用型翻译人才。

一、大数据时代翻译教学主要环节的应对策略

（一）教材选用

教材是最基本的教学资源，是人才培养的关键环节之一，教材质量的优劣直接影响着人才培养的质量。我国翻译教材的研发共经历了四个发展阶段，翻译教材从“摘编”到“统编”，从“多元化”到“体系化”，无不渗透着当时社会的思想倾向，被深深刻上时代的烙印。

如今，在大数据时代的洪流中，可以说翻译教材已经进入第五个阶段——“网络化”阶段。翻译教材的内容需要引经据典，还需要与时俱进，也在很大程度上决定着翻译人才培养的方向和目标。现当代翻译家们翻译的很多作

品都一直被奉为经典，而在互联网中很容易找到的一年一度的政府工作报告等时事翻译文本也必须引入教学资源库。因此，翻译专业的教材选用应遵循“经典和时政相结合、有形和无形互促进”的基本原则，建立全方位、立体化、动态化的教材选用机制，充分利用大数据优势，以满足翻译教学的时代要求。

传统的课堂教学被认为是人才培养最重要的环节，大多以教师讲授为主，而我国经济社会的迅猛发展对高等人才实践能力的要求越来越高，传统课堂教学早已不能满足社会对人才知识规格、能力规格、素质规格的多元需求，传统教学方式正逐渐被微课、慕课、翻转课堂等新兴事物所取代，而这些新兴事物正是利用了不断发展的计算机技术及大数据时代的网络资源优势。

（二）教学过程

考试与评价是课程教学的最终环节，但现在仍沿用旧习，使大数据时代下的翻译教学显得有些虎头蛇尾。考试与评价环节能否在大数据和网络技术带来的巨大益处中分一杯羹，也是值得深入研究的。

地方高校一般处于二、三线城市，教学资源相对匮乏、教学理论更新缓慢、学生基础比较薄弱、优秀师资相对短缺，因此，地方高校翻译专业教师更加有必要利用大数据的优势，引入优质教学资源，改进传统教学方式，不断地完善教学过程，从而提高翻译人才培养质量。翻译相关课程的教学可采用“教师主导、学生主体、三项结合”的方式。“教师主导、学生主体”充分体现了当代社会以人为本的理念。教师作为教学活动的主要参与者，在翻译教学过程中应发挥引导、监督的作用，努力摒弃“教师一言堂”，激发“学生好声音”；学生作为教学活动的主体，应积极发挥主观能动性，改变传统课堂中被动接受的状态，切实接过学习新知的接力棒，创造在教师主导下学生自觉、自律、自学、自省的新局面。大数据背景下，“教师主导、学生主体”的教学方式从以下三项结合得以体现，即“线上与线下相结合、理论讲授与技能训练相结合、计算机批阅与教师审校相结合”。

1. 线上与线下相结合

教师于课前根据课程教学进度与内容的要求，通过 blackboard 课程教学平台、课程微信公众号、班级微信群、班级 QQ 群等线上方式给学生布置相关任务，其中包括名家译作展示、翻译理论介绍、翻译技巧与方法刍议、学生译作及翻译过程自评等，学生接到任务后充分利用网络资源优势，认真查找资料，去芜存菁，以小组合作的方式将展示内容制作成 PPT，从而对新知识有初步认识与了解，并将完成任务过程中遇到的疑问与困惑记录下来。

第二步，学生将任务成果和疑问带进线下实体课堂，教师根据学生的课前 PPT 报告对其任务完成情况进行点评，然后进入正式的课堂教学，教师利用多媒体技术，采取讲授法、讨论法、合作法等多种教学方法进行新知识的传授，最后解决学生在完成任务及课堂学习过程中遇到的问题。

2. 理论讲授与技能训练相结合

翻译学习主要包括翻译史、翻译理论和翻译实践三个方面。翻译史和翻译理论的教学可以放在由教师主导的课堂上进行讲授，而翻译实践需要师生大量的时间投入，课堂教学远远满足不了实践的时间要求。以大庆师院外国语学院为例。学院成立了职业技能训练中心并开展第二课堂活动，训练中心下设两个翻译训练部，每学年开展活动 18 周、每周开展两次。每轮技能训练之前由教师制订本学年的训练计划，选择翻译语篇。每周两次的活动一次由教师主导、学员练习，另一次完全交给训练部的学员开展与本周主题相关的翻译活动。学员需通过互联网搜索大量资料，然后筛选并制作课件，准备过程本就是学习过程，进一步提高学生的学习积极性，把控学生在课后的学习活动。

学院所有学生对翻译第二课堂认可度高、参与率高。目前，职业技能训练中心学分已纳入翻译专业人才培养方案，成为学生的必修学分，确保每名学生在毕业之前均能参加两期共 36 周的翻译训练，以达到一定的实践量。除职业技能训练中心以外，翻译工作坊、翻译实习实训室等都是地方高校利用大数据优势提高翻译人才培养质量的有效途径。

3. 计算机批阅与教师审校相结合

地方高校学生的英语语言基础薄弱，教师批改的作用不容小觑。学生需要大量练习与教师批改进度慢之间的突出矛盾可由大数据帮助解决。例如，专业作文批改网站“批改网”，教师通过个人账号布置翻译任务，学生搜索任务号查看并完成任务，提交以后批改网通过精算给出分数以及修改意见，其中，绝大多数的语法错误和措辞不当都能被一一指出，学生修改后可以再次提交并刷新分数。在计算机批阅的基础上，学生的大部分语法错误都已修改完成，教师在计算机上点开学生的作品即可进行审校，不再将注意力聚焦在学生的语法错误上，而可以更加关注学生的译文流畅度、翻译风格的吻合度等翻译专业层面，给学生的译文做出适当评注并提出相应建议。

（三）考试与评价

除此之外，地方高校在翻译教材的选用上还应注意与地方重点企业和行业的对接，可邀请企业和行业的专家共同开发课程、编写教材，或利用校企合作的项目成果，进一步充实教学资源。以大庆师范学院为例。翻译专业教师为大庆油田公司翻译了涵盖石油勘探、开发、钻井、作业、压裂、焊接、管工等近 20 项关键业务的《海外市场开发施工作业人员系列培训教材》，共计 80 余万字，并以此作为翻译实践教学的辅助教材以及学生实习实训的重要资料。因此，从地方高校应用型人才培养的角度，教材的选用上还应追加一项“高校和企业共开发”的原则。

地方高校翻译专业根据其生源特点，主要以培养应用型翻译人才为主。为适应大部分学生的职业输出需求，仅有卷面，或仅以卷面为主的考试形式将学生的成绩单方面限制在一次期末考试的分数之内，无法综合考查学生真正的实践能力，对其评价难免失之偏颇。因此，探索基于大数据和网络的考试与评价方式，将形成性评价和终结性评价有机结合，是地方高校可以采用的办法。例如，可以将期末考试成绩分成两部分，一部分为传统卷面考试，占课程期末成绩权重的50%~60%；另一部分为学生平时在电脑、手机等终端设备完成教师所布置任务的成绩总和，占课程期末成绩权重的40%~50%，取代此前成绩单中的“平时成绩”，并要求任课教师在试卷袋中提供相关证明和资料，列出形成性评价详单。

上述方式可以对教师教学和学生学习的全过程进行有效监控，激励教师制订科学合理的教学计划。加大形成性评价的权重，同时能管控学生的整个学习阶段，督促基础薄弱、学习能力较差的地方高校学生注重学习的全过程，可以有效避免期末考试前划重点、背重点的错误复习方式，使每一个科目的考试真正考查出学生的真实能力和知识接受程度。

二、大数据时代翻译教学面临的问题

大数据时代虽然给英语翻译教学带来了益处，但同时也存在着问题。

（一）网络资源不够全面

网络教学资源的丰富性毋庸置疑，但对于相对老旧的珍稀译本等资源，在网络上难以找到，仍然只能在学校图书馆甚至国家图书馆找到其复印本、缩印本和珍藏本，这将导致学生搜集资料不够全面，观点结论支撑不足。有些网络资料如期刊文章等，学生没有IP权限下载或必须支付费用才能下载，在一定程度上影响了其高质高效地完成教师布置的相关任务。

（二）网络信息不够准确

由于网络技术允许人机互动和人人互动，因此，网络中的资源大部分由他人编辑上传，难免存在错误信息，尤其是单词拼写的错误、语法的错误比比皆是，学生能力不够，无法一一准确甄别采用，从而导致任务完成效果差。网络信息不够准确的另一个方面还体现在网络翻译软件的广泛使用，学生往往过度地依赖于网络翻译，容易导致译文千篇一律、漏洞百出，影响学习效果。

（三）网络环境不够安全

因网络具有开放性强、传播速度快的特点，如果遭受黑客攻击，电脑等许多终端设备都易被波及而瘫痪，一旦网络瘫痪，一切基于大数据和网络技术的翻译教学都将暂时被动搁置，会扰乱教师的教学计划，若教师临时调整教学计划的准备不足，将在很大程度上影响课程教学，长期的临时调整甚至会影响翻译人才培养的质量。

大数据时代影响着英语翻译教学的方方面面，如何充分地利用大数据时代产生的益处与便捷，并从容地应对大数据时代带来的风险与挑战，是每一位奋斗在翻译教学一线的管理者和教师应该认真思考的问题，本节由于篇幅所限而并未提及的大数据时代下的翻译教师队伍建设、翻译课程体系构建等教学关键点也值得深入挖掘与研究。

第四节 大数据时代高校英语报刊阅读教学

大数据时代的来临，为高校英语报刊阅读课程教学提供了良好的发展机遇。本节从英语报刊阅读课程的教学现状入手，通过综述与分析的方法，对大数据时代英语报刊教学思维与模式进行了全新的建构，同时也指出了新时期该课程教学所面临的挑战。

进入 21 世纪，在信息高速化发展、云计算、智能手机等日益普及的趋势下，以数据的海量存储、信息的快速传播、全媒体的视听化效果为外在特征的大数据时代悄然到来。2012 年，美国奥巴马政府启动了“大型数据研究和发展倡议”计划，首次把大数据定义为与互联网、超级技术同等重要的国家战略，同时在政治、商业经济以及教育等方面制定了一系列相关措施。2013 年，大数据的理念逐步引入我国外语教学与研究领域，如何利用大数据转变外语学习和教学模式逐渐成为未来课程教学改革的重点。作为英语专业的一门重要选修课程，英语报刊阅读因其教学内容的时效性和学习环境的地域局限性迫切需要发达通畅快速的网络信息支持。而事实上，大数据时代的到来也为报刊阅读课程提供了良好的发展机遇。大数据时代的信息“大爆炸”为报刊阅读教学提供了最新、最广的新闻资源以及海量鲜活、真实、生动的语言素材，慕课、小微课也为课堂教学带来了一种全新的体验。然而，如何迎接大数据时代带给报刊阅读课程的变化，实现信息资源与教学内容、模式以及教学评估的对接，也对广大教师提出了新的挑战。

一、英语报刊阅读课程的教学现状及问题

自从 20 世纪 80 年代国内高校首开英语报刊选读课程以来，英语报刊因其丰富生动的教学资源，受到越来越多高校的重视和学生的喜爱。报刊阅读的意义以及报刊阅读课程的重要性已日益获得认可，其地位亦不断上升。然而，虽然报刊阅读课已经获得广大英语教育专家和教师的认可和推崇，但是不可否认的是，报刊阅读课在教学实践过程中依然存在许多问题，教学效果与理想的教学目标之间还有一定的差距。概括而言，问题主要反映在以下几个方面：

（一）课程教学内容与理念

英语报刊阅读是英语泛读课程的延伸和深入，这已被国内高校英语报刊教学界所认同。但是，英语报刊教学在课程意义、教材、教学要求、教学模式和教学评估等方面是不是等同于英语泛读教学，或者说报刊教学和英语泛读教学在以上方面有何不同，在这一点上，高校教学界还缺乏统一明确的认识。这些认识上的差异和模糊导致当前很多高校对报刊阅读课程教学目标和重心的理解产生偏移，把报刊阅读课看成是单纯的语言教学课。许多研究者的调查研究表明，相当一部分报刊课堂还是延续着精读课程的教学思路，专注于报刊素材语言知识点的讲解，忽视报刊教育在培养学习者获取信息能力、批判性思维能力、综合人文素养等方面具有其他教科书所无法比拟的价值。

（二）教学模式

随着各高校对报刊教学的不断重视，英语报刊阅读课堂教学模式呈现出多样化、立体化的发展态势，网络多媒体辅助教学手段也被逐步地引入教学实践中。当前比较通行的教学模式有以下几种：一是传统教学模式，即教师课前对报刊文章内容和教学形式进行设计，课堂上采用讲解、释疑的方式进行授课。如果学生语言基础不太扎实，教师在报刊课堂教学中就格外注重语言专业知识的讲授和语言技能的重复训练。而学生大部分时间都是听众，被动地聆听、完成学习。这种模式导致的一个结果是，不少个性化的大学生逐渐丧失报刊阅读兴趣，尤其在时下大学生人手一部手机、校园网络全面覆盖的背景下，他们宁愿在课堂上利用微博、微信等应用程序浏览各种英语报刊电子网站。但是由于缺乏教师系统专业的引导，他们的报刊阅读能力难以得到提升，阅读兴趣也难以维持长久。二是多媒体课堂教学模式。随着计算机、网络技术的普及，十几年来，不少高校的报刊阅读课堂从教室到课本设置，再到教师的教学文件都尽可能地将多媒体融入进去，课堂上为每个教学环节设计的 PPT 更是成了报刊阅读课堂必备的教学要件。但是，多媒体的教学是否极大地提高了英语报刊阅读的教学成效呢？笔者调查了同省不少高校报刊阅读课堂教学的实际情况，也查阅了不少期刊论文中对于报刊多媒体课堂的分析，结合自身的教学经验，总结出以下几点当前部分高校报刊阅读多媒体课堂的不足之处：一是相当多的教师对多媒体课堂的理解还只是限于 PPT 的运用。认为在授课时向学生展示已经制作好的 PPT 就是运用先进的多媒体教学，可是其教学内容和方式仍然保留传统的模式；二是不少教师和学生的计算机操作水平能力有限，对于网络多媒体化的报刊课堂教学模式虽然认同，但在实施过程中由于技术问题以及教学成本问题，难以在具体的教学实践中展开。

此外，相较于目前研究相对较多的报刊教学课内教学模式，有关报刊阅读课外教学内容和模式的探索和实践则相对较少。事实上，英语报刊阅读能力的提高仅仅依靠一周两节的课堂教学是远远不够的，如何延拓教学空间，突破课内教学模式的局限，做到课内与课外有机结合，形成集多种教学模式和教学手段为一体的完整教学体系，也是今后教学改革需要关注的地方。

（三）英语报刊教材问题

20多年来，我国高校英语报刊教学已经有了很大发展，使用的教材有近百种，教材内容也是各有特色，许多知名专家教授为这门课程的教材编写倾注了大量心血，也极大地推动了该课程的发展。但是，相较于新闻的时效性要求，报刊阅读教材先天的滞后性特点决定这门课需要课外教材的不断补充。近年来，随着互联网和各种移动终端数据的普及，不少教师尝试着将传统的阅读教材与网络资源相结合，把网络电子报刊资源引入课堂。但是网络英语媒体资源鱼龙混杂，作为课堂阅读教材，面对不同层次的院校、不同需求的学生，教师该如何恰当合理地进行课外选材、需要把握好哪些原则，这些无不对新形势下的报刊教学提出了新要求。

（四）学生群体的变化

受家庭环境、教育背景和社交关系等的影响，当前学生的学习观念和学习模式与以前学习者相比已经发生了巨大的变化。面对信息数据时代的到来，存在两类不同反应的学生群体：一类学生习惯于信息“内爆”的碎片化体验，青睐于用更快的方式汲取更多的内容。随着网络时代信息传播载体更加便捷，更多的学生带着手机走进“移动”课堂学习。他们不满于传统的“听众”身份，也厌倦于传统的教学模式，借助于无所不在的校园无线网络，利用微博、微信平台查阅各种英语阅读学习信息，独自阅读网上期刊，拒绝教师讲解下的报刊教材阅读。另一类学生群体（尤其是刚刚入校的大学生）则对新时代所带来的学习革命反应迟钝，对于大数据信息时代背后隐藏价值的认知和利用缺乏概念，他们在英语报刊阅读学习方式和思维上更依赖于教师和教材。这两类学生群体，从专业学生的可持续发展和自主学习能力养成来说，如果不加以正确引导，很显然无法达到报刊阅读教学所要求的学习目标。对教师而言，必须根据大数据背景下不同学生的学习特点和学习需求，通过一种切实可行的报刊阅读教学模式，帮助学生找到最为适合的阅读和语言实践中介。

二、大数据时代英语报刊教学的新思维

（一）碎片化教学与模块化教学

信息化社会的到来正在打破和改变传统教育，教育与学习方式的许多理念也不断在发生改变。按照工业时代劳动密集生产方式设计出来的有边界限制的班级授课制已无法满足大数据时代对教育的需求，尤其是人们已经习惯于基于网络的日常活动和学习，如网上购物、网上阅读、网上写作等。在这种背景下，许多新型的教学方式被开发出来，如大规模开放课程、微课以及各种资源共享课等。基于网络资源的微课，短小精悍（一般 5~15 分钟），设计精细，视频资源呈碎片化，但主题集中、逻辑严密，围绕某个知识点或者教学环节完整展开。这些新型教学方式打破了传统的固定课时的模块化教学，是新时代下教育变革发展的必然趋势。对报刊阅读课程教学而言，它带来了难得的改革发展机遇——教师可以更为灵活地选择教学内容；学习者也可以更加自由地安排自己的学习和复习计划，而且学习场所也不必局限于教室。大数据网络时代，大学生几乎人手一部手机，在几乎人人进行上网浏览阅读的背景下，报刊阅读的课堂教学模式也应该做出结构性调整：基础性阅读任务由学生课前完成，深度任务如培养学习者获取信息能力、批判性思维能力以及提高学生综合人文素养等环节由老师课堂指导，通过课内课外合作实现高效的混合式学习。此外，利用网络媒介，视频记录教师在课堂内外教学过程中围绕某个知识点而开展的教与学活动的全过程，将其提供给学生，使他们能够根据自身的需要随时随地在线学习。总之，大数据实现了学生课内、课外在线阅读的积累，教师可以通过后台数据库统计班级的整体阅读情况，获得有价值的数据报告，紧密跟踪了解学生的报刊阅读状况。

（二）海量资源与个性化学习

根据学生的实际水平，充分满足学生的普遍及个性化需求，是衡量教育是否成功的一个重要指标。大数据时代最广的新闻资源以及大量鲜活、真实、生动的语言素材有效化解了报刊阅读教材整齐划一和时效性滞后的问题，同时也为实现以学生自主学习为中心、学生主动搜集分析有关信息资料、对所学问题提出假设并设法加以验证并由教师予以引导激励的个性化学习提供了无限可能。但是海量资源的呈现并不是放手让学生自由选择文章，随意阅读。教师应在教学大纲的要求下，根据教学计划预先设置、选择好每次课堂教学的话题和材料，然后提供一定量的预习作业和思考题一并发送给学生。学生利用网络大数据信息，查找有关背景知识，阅读相关内容的报道，概括该新闻报道中的常用术语，同时借助网络电子工具完成学习资料的初步阅读。之后，教师对学生的作业进行分析和发掘，形成有效数据，并对这些数据进行归类与分析，了解每一个学生的需求，从而在接下来的课堂教学中进行有针对性的个性化教育，避免学生面对充满晦涩语言的报刊阅读材料时出现手足无措、难以理解的情况。

（三）阅读与欣赏对接

语言不仅承载信息传递的功能，同时也是一种文化情感符号。阅读是人类获取知识和信息、丰富思想感情、增长见识最原始、最普遍的方式。传统的英语报刊阅读教学比较注重英语语言知识的学习和文本的理解，对于学习者从英语报刊文章中所受的情感熏陶、所获得的思想启迪和理解比较忽视。大数据时代基于云计算的现代教学手段，使得学习者零距离接触大量英美原语期刊文章成为现实，英美报刊记者和各色专栏作家视野下的英美社会文化形态也被完整呈现给读者。在此背景下，报刊阅读课程教学应转变思维，从单纯的文章讲解逐渐转向对文章内涵的深入探讨，通过有组织的小组活动，采用口头陈述或书面写作的方式，将探讨的内容由语言知识意义延伸至社会现实及学生的自我体验，使得学生在课堂上保持一种高强度、兴奋的思维状态；另外，教师也应尊重学生的阅读兴趣，引导学生读解、领悟文本思想，引导学生构建一种不同文明形态对话与宽容的阅读心态，提升跨文化交际能力和批判性思维辨析能力。

（四）多元反馈与绿色测评

评估与反馈是课程教学中的一个重要环节。在传统教学理念的影响下，报刊阅读课程考试以闭卷笔试为主，内容比较局限于知识性、识记性的考核，学习者的课堂注意力和学习兴趣也被压制在琐碎的词汇记忆上，其思维辨析能力、信息素养能力以及多元文化交际能力难以得到考查。此外，由于课程终结性考核的滞后性，学习者的学习状态及问题也无法及时得到一一反馈。大数据时代的到来，使得依靠信息技术支持的智能化课程教学服务体系得以培养和发展，建立在团队合作基础之上的课程内容解读和监测也将变得更加完善。报刊阅读中的语言知识点考核能够依据阅读智能评估体系网络平台及时推送，学生的测评反馈信息及时充分，而且所有考核能够做到动态化、自动化、智能化。当然，限于当前的网络技术条件，这个英语报刊阅读智能评估体系网络平台的建立还处于初步起始阶段，但它对于报刊阅读课程考核与评估的意义是不言而喻的。对于非知识性的能力考核，其考评可以改为小组PPT展示以及小组讨论或者辩论等方式，使得教师对学生的了解更全面、更充分。在大数据课堂教学模式下，不仅是教师对学生的表达和思维进行评价，其他学生也可以参与评价，因此，评价主体是多元互动的，过程是双向的。

三、大数据在英语报刊教学应用中所面临的挑战

大数据时代的来临、在线教育的无处不在，对高校英语报刊教学产生了深远的影响。报刊教学在得到巨大发展机遇的同时，也面临着不小的挑战。

首先，教师的传统角色与职能面临转变。在传统以讲授为主的课堂语境里，教师关心的只是与自己专业相关的知识、信息、数据，他们是各种学习资源的提供者，尽管这样的资源数据非常有限。而随着封闭课堂向开放课堂、

教师中心向学生中心转变，大量有关学习者的资源数据喷涌而出，师生界限越来越模糊，这给报刊课程教师带来了全方位的挑战和冲击。除了更高的专业知识和信息技术能力，教师还应具有课程自主设计与实施的核心能力。陈坚林把这种核心能力具体细化为教学技术与方法的运用、教学内容解读和资源建设、教学组织掌控、教学异步管理、监测研究、教学环境营造六个方面。很显然，大数据时代将彻底改变以往教师个体的身份与角色。具体到大学报刊阅读课堂，教师要组建智能化教学团队，整合各种资源，根据学生的个性与特质，选择报刊阅读资源，设计活动主题，划分学习小组，分配学习任务，提供各种学习策略，及时给予有效评价，为学生的学习提供服务与指导。这些既是大数据时代给报刊教学带来的挑战，同时也是新时代提供给教师创新性的专业发展机遇。

其次，整合线上线下教学内容、达到高效教学的目的，是开放式教学亟待解决的问题。在大数据时代，网络在线教育、翻转课堂等理念已成为主流。英语报刊阅读作为与现代信息技术接触较为紧密的课程，从目前各高校该课程的发展趋势来看，采取网络开放式教学也将逐步成为主流教学模式。网络开放式教学以线上阅读、指导和线下教学立体结合的方式延展了教学空间和时间，使报刊阅读不再拘泥于课堂和教室，也使学习的开放性和互动性得以完整体现。但是，由于教学对象、形式、技术、呈现方式等与传统教学不同，网络报刊阅读内容的设计和指导需要对在线学习规律和一定的技术手段进行全新的理解和运用，此外还有线上线下内容的分配和整合问题。当前许多高校开通了国际上通用的慕课平台，向学习者提供海量的课程学习资源，但是关于英语报刊阅读课程，笔者查阅梳理后尚未发现有较为成熟普及的课程教学资源，更遑论线上线下相整合的课程学习内容。大多数教师都是各自为政、各自摸索。这显示出英语报刊阅读教学在面对大数据开放教育时的尴尬。

大数据时代的到来加速了社会的变化和发展，同时也给高校英语报刊教学带来了机遇和挑战。机遇是显而易见的，如探究报刊个性化教学，利用海量资源学习，创设多元、高效的网络生态阅读环境等；但是在新时代提供机遇的同时，挑战也如影随形。如何利用海量繁杂的数据信息，借助智能化平台，用网络空间来置换课堂时间，同时使有限的课时变得更加高效，是今后报刊英语教学值得探索的主题。

第五节 大数据背景下高校网络资源库的建设

“大学英语”课程进行网络自主学习，是新时代“大学英语”教学改革的发展方向，资源库的建设是进行网络自主学习的重要保障。将大数据技术应用到资源库的建设，可以使资源配置科学化、合理化、智能化，能有效地培养学生的自主学习能力，提高“大学英语”课程的教学质量。本节基于大数据背景，对高校网络资源库的建设进行了分析与研究。

目前，“大学英语”课程教学改革是每个高校研究的热点，网络自主学习是新时代“大学英语”课程教学的重要组成部分。利用大数据技术对资源库进行开发和利用，将优质信息资源进行科学的整合发布。学生通过访问共享资源和师生互动来提高语言能力，可以有效提高“大学英语”课程的教学质量，增强学生的自主学习能力。

一、“大学英语”课程网络资源库建设现状分析

（一）学习资源丰富且杂乱，缺少逻辑相关性

目前，很多高校都建设有“大学英语”课程网络自主学习平台，虽然都拥有海量的外语学习资源库，但是很大一部分都是为了充当信息数据存储容量。只要是与“大学英语”课程有关联的各类音视频资源，都盲目地加入，各类资源的主题内容杂乱无章，资源间缺乏知识点的逻辑相关性，只一味地追求资源库的存储容量，忽视资源内容间的耦合度。

（二）教学资源内容陈旧过时

教学资源库里的学习内容是激发学生学习兴趣的关键指标之一，目前，“大学英语”课程网络资源库的内容大都经过十几年跨度的慢慢积累，部分内容相对陈旧过时，已经不能适应新时代经济社会的发展和“大学英语”课程教学的需求。很多资源的内容与现实世界相差很远，已经不适应现代大学生的学习需求和习惯，在一定程度上严重影响了“大学英语”课程的教学效果，与此同时，抑制了学生对“大学英语”课程网络自主学习的主观能动性，使学生主动、自主学习的积极性极大降低。

（三）教学资源没有统一的评价标准

“大学英语”课程网络资源库里的多媒体资源基本包括文本资源、音频资源、视频资源、教学案例资源等。在制作课程资源时，受到软硬件环境的影响，容易出现五花八门的音视频格式。标准不统一的音视频资源在播放效果上区别很大，有的视频图像清晰度很差，而且显示画面大小不一，有的音频文件声音大小不一，有的资源格式对客户端操作系统的浏览器要求比较严格，造成学习资源应用中的通用性不强。

二、“大学英语”课程网络自主学习资源库建设的意义

有利于“大学英语”课程数字资源共享。“大学英语”课程网络自主学习最重要的核心是学习资源库的建设，资源库是各类“大学英语”课程教学资源的汇集地。任课教师可以利用资源库平台，将自己制作的教学音视频资源上传到资源库。与此同时，资源库还可以收集与大学英语四、六级考试相关的辅导练习资源、考研英语相关的音视频资源，还有各类英语考试、考级的模拟题库资源。通过所有任课教师长期共同对资源库的更新建设，把集体的教学智慧汇集到资源库，就会形成一套符合本校实际情况的“大学英语”课程网络学习资源库，网络学习平台通过资源共享的方式，将学习内容发布给每个学生进行学习，以达到因材施教的效果。

有利于促进“大学英语”课程教学的改革与发展。“大学英语”作为高校的必修公共课程，学生人数多，英语基础参差不齐，教师教学工作量大，会给教学带来很多问题。建设“大学英语”课程网络资源库，是实现新时代信息化教学的重要途径。学生可以充分地利用网络学习资源查漏补缺，根据自己对“大学英语”课程各知识点掌握的程度，有针对性地选择适合自己知识结构的资源进行学习。将“大学英语”课程的传统教学进行线上、线下的自由翻转，学生利用网络学习平台在任意时间、任意地点进行自由学习。任课老师可以根据学生的学习情况，线上进行面对面答疑，线下进行有针对性的目标教学，极大地提高“大学英语”课程的教学质量和教学效率，也对课程教学改革起到了积极的促进作用。

有利于开阔学生的视野，增加学生学习兴趣。“大学英语”课程网络资源库以教材资源为基础，进行立体化多维度建设。学生在进行教材配套数字资源学习的基础上，可以进行拓展学习。网络资源库还建设有涉及政治、经济、文化等人文社会科学和自然科学方面的资源。学生可以根据自己所学的专业背景，在资源库里挑选适合的学习资料，通过“大学英语”课程的学习，涉猎自己的专业知识，不仅拓宽了学生的专业学习视野，同时还增加了学生学习“大学英语”课程的学习积极性和学习兴趣。

有利于培养学生的自主学习能力。课堂教学现在已经不能满足学生对语言训练的需求，那么，“大学英语”课程网络自主学习平台就是建立在以教师为指导、学生为中心基础上的教学模式，为学生营造一个自由、和谐的学习氛围与情境。教师根据教学计划进度，在网络学习平台发布学习任务，学生在规定时间内自主规划安排学习。如果学习中遇到疑难问题，可以通过在线答疑平台向老师求教，教师根据学生的学习情况和疑难知识点，有针对性地进行面授教学辅导。网络资源库提供了多元化的知识点，利用新一代信息技术制作的多媒体教学资源使教学内容动态而丰富，可以发挥学生的创造性，促进学生进行个性化学习，培养其自主学习能力。

三、大数据技术在“大学英语”课程网络资源库建设中的应用

（一）使“大学英语”课程网络资源库建设更加合理化、科学化、智能化

针对“大学英语”课程网络资源库内容繁杂和缺乏逻辑性的问题，可以利用大数据技术对现有信息资源进行分类整合。利用大数据强大的分析功能，将资源按照“大学英语”课程进行分类汇总，比如读写译资源库、视听说资源库、文学资源库、专业英语资源库、外文影音资源库、考试资源库等。经过科学化的分类标准，将资源库内容进行合理的分类，使学习资源更加贴近学生的学习。在进行资源信息采集时，大数据分析系统会根据内容标题自动识别分类存储。将传统以人工点对点方式进行数据的采集模式转变为系统自动识别存储，提高了资源采集的效率，使资源库建设更加简便、智能和高效。

（二）对“大学英语”课程网络资源库建设进行深度挖掘

网络资源库中音视频资源占主要比重，将相关资源进行标准统一显得格外重要。音视频资源以目前慕课中的各类标准为基础，可以预先设定资源库的格式标准，将新一代信息技术引入资源库的建设中，利用大数据、人工智能和多媒体技术，对资源库进行全盘扫描。将不符合条件标准的音视频数据全部自动筛选出来，利用多媒体信息技术集中进行格式标准的转码，让所有数据标准统一，使网络资源跨系统平台无障碍运行。与此同时，利用大数据技术对资源库进行深度挖掘，将资源库中的资源根据学习热度和点击量进行数据分析，根据学习资源量化指标，有目的地进行资源的增补添加，如此，建设的资源将会变成学生想获得的内容，使资源库发挥最大的使用效率。

（三）利用大数据分析学习路径，点对点地推送最佳学习资源

“大学英语”课程网络学习平台可以根据学生的学习路径，利用大数据技术分析学生对知识点掌握的情况，网络平台会自动筛选相关联的资源推送给学生进行巩固训练。“大学英语”课程课堂教学和网络自主学习效果是每

个任课教师迫切想知道的。大数据技术可以对所有学生的网络学习状态进行实时追踪，对所有学情信息分类汇总，将学生对知识点掌握的程度进行数据化，并提供给任课教师。信息将会为“大学英语”翻转课堂的教学提供内容指导，让教学内容更加符合学生的需求，从而有效地促进改革顺利进行。

（四）创新“大学英语”课程网络自主学习综合评价体系

传统的评价模式是以学生完成网络学习任务，参加网络测试后的成绩来评定课程成绩的，存在一定的局限性。大数据技术可以对网络学习进行全方位、立体化、多维度的综合评价，根据学生的学情数据、学习热度数据、在线答疑数据、在线测试数据、课外学习数据、语言训练数据，利用大数据技术对平台学习信息按照一定的比重参数进行离散整合，得到能反映学生真实学习效果的综合评价。这不仅创新了“大学英语”课程网络自主学习的评价体系，而且为课程教学提供了指引方向。

“大学英语”课程网络自主学习适应新时代课程教学改革的需求，资源库建设的强弱决定了网络自主学习的质量。将大数据技术引入网络资源库的建设，可以使资源更加人性化、科学化、智能化。让资源更加贴近学生的实际需求，激发学生网络自主学习的激情，有效提高“大学英语”课程网络自主学习效率，进一步深化课程教学改革，为学校建设应用型一流大学提供支撑条件。

第六节　大数据时代下的高校英语翻转课堂教学

大数据技术带动了高校英语课堂教学模式的转变，其中，翻转课堂教学模式正是当下比较火的一种教学模式。由此，基于大数据背景，提出大学英语课堂引入翻转课堂教学模式的想法，并对大学英语翻转课堂可行性进行充分的分析，提出如何提高大学英语教学视频制作质量，探究翻转课堂教学模式下的大数据运用，翻转课堂模式下学生自主学习控制与管理以及大数据视域下英语翻转课堂的教学评价等，构建高效的大学英语翻转课堂教学模式。

引发英语教学资源爆发式增长。在大学英语传统教学模式下，英语教学资源主要以教材和纸质资源为主，教学资源相对匮乏。大数据时代数据以爆发式的态势增加，英语教学资源不仅数量巨大，而且教学资源种类繁多，为大学生英语学习提供海量资源。爆发式增长的教学资源，使得英语教学摆脱资源束缚，极大地提高了英语教学的内容含量，使高校英语教学内容得到进一步的丰富，学生英语学习视野得到进一步的拓展，引领英语教学进入资源时代。

赋予大学英语因材施教的可能。在大学传统英语教学模式下，英语教学主要以现场的课堂教学为主，英语教学设计主要面对学生全体展开设计，尽管在实际教学过程中教师能够意识到因材施教，尝试实施分层教学，但是受教学时间、教学空间和教学其他条件等制约，因材施教缺乏可操作性。在大数据时代，教师可以利用大数据优势和网络平台优势等，打破传统课堂唯一主阵地，利用网络学习平台为学生创造多样化学习机会，学生可以根据自己的英语能力和英语基础、兴趣爱好等，进行自主选择，从而赋予因材施教以可能。

营造适合学生自我学习的环境。自主学习能力是大学英语教学中学生必备能力之一，在传统教学模式下学生英语学习主要局限在英语课堂，离开课堂教学学生的自主学习难以获得外界的有效支持。在大数据时代，学生英语学习环境得到了进一步的优化，不仅学习资源丰富，为学生提供大量的可供选择的自主学习资源，而且网络学习平台能够改变传统模式下学生自主学习支持缺失的现状，学生之间可以借助网络平台进行互动，学生和教师之间也可以借助网络平台进行互动。在大数据时代，学生自主学习的环境已经相对成熟。

引发英语教学体系全面性变革。大数据对高校英语教学的影响不是某一方面的，而是系统性的。大数据视域下，高校英语教学环境、教学条件等都受到巨大的影响，它引发了英语教学体系的全面性变革。教师的教学方式将进行变革，从注重教的设计逐渐转向注重学的设计，教师将根据新的学习环境和学生学习需求，不断地优化教学方法；教学内容和教学评价也发生了重大变化，教学内容更加丰富，教学评价将突破传统“唯知识性”评价模式，基于翻转课堂教学模式构建新型评价方式。

一、大数据视域下的大学英语翻转课堂教学模式理论

掌握学习理论。布卢姆是掌握学习理论的提出者，该理论指出一切学生都具备学好的可能。掌握学习理论是基于集体教学，以反馈为主要手段，倡导为学生提供个别化引导，使学生具有一定的自主学习时间，这样能够使绝大多数的学生能够达到规定的掌握标准。该理论下教师主要为学生的学习提供支持性和引导性作用，主要包括向学生提供材料，提供学习所需要的工具和必要的帮助等，学习目标的制定和学习时间的掌握则由学生自主设定，大数据视域下翻转课堂无疑为学生学习的掌握创造了可能，学生在大数据提供的支持下，开展自主学习活动，教师从课堂中心中转变出来，能够促进学生对学习的掌握，使大部分学生能够达到掌握的要求和标准。

建构主义学习理论。建构主义理论也称为结构主义理论，该理论认为人们的认知、知识和意义的生成是人们经验和思想交互的结果，在理论主张下，它认为技能不同、背景不同的学习者，能够基于学习任务、围绕学习活动等开展合作学习，从而在某一个领域形成共同的认知，它突出学生在知识建构中的主体地位。大数据视域下的翻转课堂教师可以针对某一学习主题设计学习活动，从而形成以学生为中心的课堂教学模式，学生在自主学习体验中完成自主建构。

元认知理论。心理学家弗拉维尔提出了元认知理论，该理论指出元认知就是在个体自我认知过程中运用知识调节学习过程的一种能力。不仅如此，

元认知还是基于人们思维与学习活动的知识和控制。从这个意义分析，元认知主要包括元认知知识与元认知控制两大部分。在翻转课堂模式下，学生认知的过程就是一个不断运用知识建构新知识，不断实现知识内化的过程。

交互决定论。阿尔伯特·班杜拉则提出交互决定论，它是在汲取既有理论知识，以及行为主义、人本主义、心理学知识的优点的基础上建立起来的。该理论认为，人们的行为、环境等多种因素不是孤立的，而是存在密切的关系的，它们互相联系、互相作用。简单来说，事物之间是互相作用的。大数据视域下翻转课堂正是基于大数据环境因素、人的因素和行为因素等，以促进环境、人和行为之间的交互性，是交互的结果。

二、大数据视域下大学英语翻转课堂教学模式的建构

（一）大学英语翻转课堂可行性分析

大学英语教学中运用翻转课堂是否可行，除了理论建构外还要基于大学英语教学体系进行系统性分析，从而对翻转课堂应用于大学英语可行性进行进一步分析，以提高翻转课堂建构的有效性、科学性。

教师因素。大学英语教师与中小学英语教师相比，他们的综合素质以及接受新事物的能力相对较高，能够针对大数据环境做出积极的应对，并能够快速地胜任翻转课堂教学模式对教师教学技能的需要。此外，大多数英语教师运用信息技术的能力比较高，接受能力较强，这就使翻转课堂的建构获得教师因素支持，以确保教师队伍能够满足翻转课堂需求。

学生因素。从学生层面而言，大学生是经过高考选拔出来的，因此，他们的综合素质相对较高，具备自主学习的能力；从学习自觉性来说，大多数大学生具有较好的自觉性，能够自主围绕微视频开展学习，并且能够将微课学习与课堂学习有机结合起来，能够对自主学习进行信息整合，梳理出学习成果，总结学习过程中存在的不足等，从而使翻转课堂教学模式得以实现。

教学环境因素。从教学环境分析，翻转课堂与传统课堂相比，教学环境从相对闭塞转向开放，开放性越来越大；不仅如此，教学环境能够为学生自主学习提供资源和技术支持，学生可以借助互联网学习平台，获得必要的学习资源，能够基于网络平台进行即时的学习互动，获得其他学习对象、教师等学习支持。因此，在翻转课堂教学模式下，学习环境更加成熟，相对完善，为翻转课堂提供环境支持。

（二）大学英语教学视频制作

大数据视域下翻转课堂的建构需要相应的视频作为支持。目前，微视频的开发形式主要包括以下两种：一种是直接从网络寻找，这种方法虽然比较简单，但是缺乏针对性；另一种是自主开发，这种方式需要耗费大量的人力，但是针对性较强，是教学视频制作的常用方式。教师要制作出高品质的教学视频，需要做好以下几个方面：

设定学习目标。教师要根据学生的英语学习能力以及英语教学内容，对教学视频所要达到的教学目标进行设定，并检视教学视频是否有助于促进教学目标的达成，从而开发出适合翻转课堂的教学视频；对于一些简单的教学内容，教师可以选择简单的方式，如 PPT，也能够达到翻转课堂的目的。

教学视频制作。教学视频制作主要包括视频制作工具选择、教学程序设定等，教学视频制作工具的选择，要根据不同的教学视频要求选择不同的制作工具，要求不高的可以选择简单的工具，要求严格的可以选择专业的视频制作工具；教学视频程序的设定要尊重学生的认知特点，并保持与教学内容有高度的匹配度，从而确保制作出的视频能够达到翻转课堂的教学要求。

教学视频修饰。教学视频前期制作后，教师要基于学生的视角，对教学视频进行后期的修饰，主要包括视频的清晰度、视频的长短。教师要根据实际情况对教学视频进行合理的增删，从而确保教学视频的品质。

教学视频的发布。教学视频的发布即将教学视频借助网络平台提供给学生，由于各个高校系统不同，发布的形式各不相同，所以可以借助外部平台，也可以借助高校内部局域网。在发布时，既要考虑教师发布的便捷性，又要充分考虑学生的实际情况，一切以便捷、高效为发布的基本原则。

（三）翻转课堂教学模式下大数据运用

大数据视域下，翻转课堂教学模式需要充分利用大数据优势合理地运用大数据，实现对平台资源的大数据整合以及学生学习层面数据的优化分类。

平台资源的大数据整合。在大数据时代下，英语教学资源异常丰富，这就带来一个新的问题，即数据资源价值密度降低的问题。这就需要我们利用大数据优势，进行平台资源的大数据整合。教师可以利用大数据优势，对学生英语学习需求进行数据化的采集与分析对学生教学视频学习数据痕迹进行数据化的分析和整合，了解学生英语学习个性化需求，根据学生的兴趣爱好、个性化需求等，选择适合学生的内容制作教学视频，这样能够极大地提高教学视频目标达成度，激发学生英语学习积极性，从而建构起适合学生的数据平台。

学生层面的数据优化与分类。在传统英语教学模式下，教师也根据学生英语学习需要提供在线辅导，这为翻转课堂的实施奠定了坚实基础。大数据视域下，要进一步发挥大数据优势，就要基于师生角色转变，即教师的主导身份、学生的主体身份等，利用大数据对学生的英语学习行为进行数据化分析，把握学生英语学习的一般特点、规律和习惯爱好等，及时发现翻转课堂教学模式下学生信息接收方式，从而及时地对翻转课堂教学模式进行优化，使数据得到进一步的优化，使之更符合大学生英语学习爱好，激活大学生英语学习的主观能动性。

（四）翻转课堂模式下学生自主学习控制与管理

首先，借助大数据和网络平台在线技术优势。在翻转课堂教学模式下，英语学习主要以学生自主学习为主，教学视频是主要的载体。大数据具有在线监测功能，我们可以利用大数据对学生的英语学习过程进行监控，了解学生在线学习的痕迹以及在线学习时长等，对学生翻转课堂的学习情况进行监控，对存在问题的学生及时发出提醒，并与翻转课堂教学评价等有机结合起来，从而实现对学生翻转课堂过程学习的有效控制。

其次，借助在线检测功能。为了及时地了解学生翻转课堂的在线学习效果，在制作教学视频时，教师可以根据教学视频内容，穿插一些检测性的练习，让学生在自主学习基础上及时地进行练习。如果学生不进行自主学习，对英语教学视频内容不了解，学生就难以完成在线检测任务，无形中完成对学生在线学习的控制。

（五）大数据视域下英语翻转课堂教学评价

大数据优化过程性评价。过程性评价一直以来是英语课堂教学评价的薄弱环节，在大数据视域下，大数据提供了技术支持，教师可以利用大数据技术手段，对学生翻转课堂的学习过程进行有效的数据采集和整合，再根据过程性数据进行科学的分析和整合，从而对学生过程性学习做出及时的评价，让学生根据过程性评价及时调整学习行为、学习状态等，从而发挥课堂评价导学功效。

大数据优化评价方式。传统英语课堂评价主要以课堂检测为主，这种评价方式不仅单一化，而且实际效果不佳。大数据视域下，翻转课堂教学评价将得到进一步的优化，教师可以借助大数据技术支持，不断地优化翻转课堂评价的方式，除了传统的书面检测外，还可以采用在线测试、学生问卷等评价方式，不断丰富课堂评价方式，并借助大数据互动优势，引入学生评价主体，综合学生自评、互评等，拓展评价主体。通过优化评价方式，将过程评价、结果评价结合起来，将教师评价、学生评价等融合起来，提高翻转课堂评价的科学性和有效性。

大数据给大学英语带来了巨大的影响，给大学英语带来机遇。大学英语教学构建翻转课堂不仅是信息技术发展与课程教学融合的结果，同时又有多种理论作为支持。作为大学英语教学，要进一步强化教学变革意识，能够根据大数据时代环境，构建英语翻转课堂，并基于英语翻转课堂教学体系，进行系统化的设计，从而使翻转课堂更好地贴近英语教学，迎合学生认知特点。然而，翻转课堂教学模式建构不是一项简单的工作，它需要教师结合大学英语教学实践，不断地提高信息化素养，充分利用大数据，变革传统大学英语课堂，构建高效的翻转课堂，将大学英语教学推向一个新的高度。

参考文献

[1] 张学新 . 对分课堂：大学课堂教学改革的新探索 [J]. 复旦教育论坛，2014，12(5)：5-10.

[2] 汪军，严晓球 . 近十年来国内大学英语大班教学研究综述 [J]. 教育学术月刊，2011，(11).

[3] 杨淑萍，王德伟，张丽杰 . 对分课堂教学模式及其师生角色分析 [J]. 辽宁师范大学学报 (社会科学版)，2015，(9).

[4] 张博雅 . 对分课堂：大学英语课堂教学改革的新思路 [J]. 科学与财富，2015，(12)：803.

[5] 柴霞 . 基于“对分课堂”的大学英语教学实践与反思 [J]. 曲阜师范大学公共外语教学部，2016，(6).

[6] 谷陟云 . 罗杰斯的人本主义教育观及其启示 [J]. 现代教育科学，2009，(10).

[7] 陈爱梅 . 人本主义学习理论及对外语教学的启示 [J]. 辽宁师范大学学报，2003，(3).

[8] 王健芳 . 外语教学改革与实践 [M]. 南京：南京大学出版社，2016.

[9] 孙立伟 . 对数字化教学资源建设的思考 [J]. 新西部，2007，(12).

[10] 杜振华 . 英语资源服务器及网络语音室的安全管理与实践 [J]. 中国科教创新导刊，2008，(1).

[11] 祝智庭，王陆 . 网络教育应用 [M]. 北京：北京师范大学出版社，

2012.

[12] 傅德荣 . 多媒体技术及其教育应用 [M]. 北京：高等教育出版社，2003.

[13] 黎加厚 . 教育技术教程：教育信息化时代的教与学 [M]. 上海：华东师范大学出版社，2002.

[14] 陈焕东，康东，凌波 . 教育信息化研究概论 [J]. 海南广播电视大学学报，2007（2）：85-87.

[15] 祝智庭 . 教育信息化的特征 [J]. 中小学电教杂志，2002（9）：74.

[16] 束定芳 . 构建外语教育教学的新生态 [J]. 现代外语，2021，44（4）：456-461.

[17] 兰公瑞，盖笑松 . 基于计算机学习环境下的自我调节学习 [J]. 外国教育研究，2011，38（1）：29-33.

[18] 刘喜东，于丰 . 高校教育信息化建设的意义及对策 [J]. 沈阳建筑大学学报（社会科学版），2005（3）：212-214.

[19] 蔡连玉 . 教育信息化的概念内涵：社会学的视角 [J]. 湖南师范大学教育科学学报，2005（1）：18-22.

[20] 王涛 . 大学英语教学中英语修辞格的赏析 [J]. 英语广场，2013（10）：97-99.